사색의
오솔길

사색의 오솔길

초판인쇄 | 2012년 06월 08일
초판발행 | 2012년 06월 15일

글쓴이 | 김진소

만든곳 | 흐름
펴낸이 | 한명수
책임편집 | 이향란
디자인 | 김현수 · 이선정
주　소 | 전주시 완산구 동문길 84 2F
전　화 | 063-287-1231(F.287-1232)
등　록 | 제2002-8호
홈페이지 | www.heureum.com
메　일 | hr7179@hanmail.net

ⓒ 2012, 김진소

ISBN 978-89-97565-07-8 04230
ISBN 978-89-93003-05-5(세트)

정가 10,000원

* 이 책의 판권은 글쓴이와 흐름에 있습니다.
* 이 책 내용의 전부 또는 일부를 재사용하려면 반드시 양측의 서면 동의를 받아야 합니다.

다리실문고 2

사색의
오솔길

김진소

사색의 오솔길을 펴내며

오랜만에 호남교회사연구소에서 다리실문고 제2집을 간행한다. 다리실문고는 읽기 쉽고 이해하기 편한 책을 엮어 교회의 역사의식을 일깨움으로써 삶의 지혜가 열리고 믿음살이가 달라졌다는 반가운 이야기를 듣고 싶은 소망으로 호남교회사연구소에서 2009년에 『이순이 루갈다 남매 옥중편지』를 제1집으로 간행했다. 그 이후로 오랫동안 제2집을 간행하지 못하다가 이번에 1983년 호남교회사연구소를 설립한 이래로 소장직을 계속 맡아 온 김진소 신부님이 올 1월에 은퇴하심에 따라 김 신부님이 1973년 4월 2일부터 5월 30일까지 거의 매일 아침 7시 5분에 방송했던 전주MBC 라디오 방송 '사색의 오솔길' 프로그램의 원고를 모아 다리실문고 제2집으로 간행하게 되었다.

'사색의 오솔길'이 방송될 때면 방송을 진행하던 김 신부님의 호소력 있는 목소리와 심금을 울리는 주옥 같은 내용에 이끌려 아침밥을 짓던 주부들이 라디오를 켜놓고 즐겨 들었다고 한다. 방송이 나간 지 한 달쯤 되었을 때 해당 프로그램을 담당하던 피디가 방송 원고를 책으로 간행하자고 제안했는데도 내용이 양에 차지 않는다며 거절하셨고, 광주가톨릭대학의 교수로 재직하셨을 때에 학생들이 책으로 간행해 주길 부탁했는데도 역시 같은 이유로 거절하셨던 원고이다. 이번에 다리실문고 제2집으로 간행하려 할 때도 역시나 신부님께서는 누가 읽겠느냐며 거절하셨지만 연구소 식구들이 고집하여 책으로 출판하게 되었다.

따라서 이 책은 39년 전에 '사색의 오솔길' 방송을 즐겨 들었던 분들께는 당시 가슴에 와 닿았던 내용들을 다시금 반추하면서 지난 시절을 유쾌하게 되돌아볼 수 있는 좋은 읽을거리가 될 것이다. 아울러 호남교회사연구소를 설립하여 어려운 여건 속에서도 평생 한국천주교회사 자료 수집과 『전주교구사』의 저술 및 한국천주교회사 연구에 매진하여 남다른 업적을 쌓아 오고, 젊은 학자들이 학문을 닦는 열린 공간으로 연구소를 개방하여 지역의 학문 발달에 큰 발자취를 남긴 김 신부님의 패기 넘치는 초심과 열정, 그리고 동서양을 넘나드는 폭

넓은 지성과 섬세한 문학적 감성도 엿볼 수 있을 것이다.

김 신부님이 '사색의 오솔길'을 방송한 것은 신문, 라디오, 텔레비전 등의 홍보 수단을 복음 전파에 활용하려는 천주교회의 매스컴 정책과 관련이 있다. 매스컴이 대중에게 미치는 영향이 날이 갈수록 커짐에 따라 교황청은 매스컴에 큰 관심을 보이기 시작했다. 제2차 바티칸 공의회에서 1963년 12월 4일자로 '매스미디어에 관한 교령' 24조를 반포하여 복음을 전파하는 훌륭한 도구인 매스미디어를 적극 이용해야 한다고 가르쳤고, 1964년에 '교황청 매스컴위원회'를 설치하면서 이를 각국 단위로 설치하도록 촉구했다. 이어 1967년 5월 7일 대중매체의 중요성을 모든 신자들에게 각성시키고자 '세계 홍보의 날'을 제정하여 공포했고, 1971년 5월 23일 세계 홍보의 날을 맞이하여 다시 홍보 수단에 관한 사목훈령 '일치와 발전' 전문 187조를 반포하여 '매스미디어에 관한 교령'을 보완했다.

이러한 매스컴에 관한 교황청의 지침에 따라 한국천주교회도 1967년 주교회의 매스컴위원회를 설립하여 매스컴을 복음 전파에 활용하는 방안을 모색했으며, 세계 홍보의 날을 맞아 매스컴에 대한 교인들의 인식을 높이고자 노력했다. 1970년 주교회의 매스컴위원회는 MBC 라디오 방송과 KBS 텔레비전 방송을 이용하여 가톨릭에 관한 프로그램을 내보냈으며, 1971년 5월 23일 매스미디어에 관한 교황청의 새로운 사목 지침인 '일치와 발전'이 반포되면서 매스컴에 대한 교회의 관심이 더욱 증대되어 1972년 목포MBC 라디오 방송과 충주 지방 방송 등을 이용하여 가톨릭에 관한 프로그램을 내보냈다.

이처럼 가톨릭에 관한 방송이 늘어나고 성직자들의 방송 출연과 기자회견이 점차 잦아지면서 주교회의 매스컴위원회는 성직자들의 매스컴에 대한 예비 지식이 풍부하면 교회의 이미지를 좀 더 효과적으로 주입시킬 수 있고 아울러 교회가 각 지방 방송을 보다 효율적으로 사용하여 그 지방 대중들에게 복음을 힘차게 전하게 될 것이라는 판단에 따라 주교님들과 각 교구 대표 신부님들을 위한 매스컴 워크숍을 차례로 개최했다. 우선 1973년 1월 23일부터 26일까지 서강대학교에서 주교님들을 위한 매스컴 워크숍을 열어 열 분의 주교님들이 원고 작성, 기자회견 요령, 라디오와 텔레비전 출연 요령 등에 대한 강의를 들은 뒤 라디오 방송 원고 작성, 신문기자와의 인터뷰, 라디오와 텔레비전 인터뷰 등을 실습했다.

이어 전국 각 교구 대표들을 위한 제1회 가톨릭 매스컴 워크숍을 2월 12일부터 16일까지 서강대학교에서 열어 전국 14개 교구와 군종단에서 선발된 24명의 사제와 4명의 평신도가 일반 신문에 교회의 뉴스를 요령 있게 제공하는 방법, 라디오 원고 작성법, 인터뷰하는 법, 라디오 출연 때의 요령 등에 대한 강의를 들은 뒤 실습하고 그 원고를 평가하여 시상하였는데, 전주교구의 김진소 신부님이 칼럼 부문 특상과 뉴스 제공 부문 장려상을 받았다. 이 중 칼럼 부문 특상 원고인 「젊은이들 늙은 거구의 교회 원치 않아」는 『가톨릭시보』 1973년 2월 25일자 2면에 특별히 게재되었다.

주교님들을 위한 매스컴 워크숍을 통해 교회는 홍보 수단을 하느님이 주신 가장 훌륭한 복음화의 수단뿐 아니라 문명의 이기로 최대한 선용해야 한다는 것을 이미 자각한 전주교구의 김재덕 주교께서 방송을 시작하자고 제안하였다. 이에 따라 전국 각 교구 대표를 위한 매스컴 워크숍에 참석했던 김진소 신부님이 전주MBC 라디오 방송의 '사색의 오솔길' 프로그램을 진행하게 되었다. 당시는 임실·순창 두 본당 주임을 겸하다가 남원 본당 주임까지 맡게 되어 바쁜 시간을 보낼 때였다. 4월 2일부터 시작된 방송은 5월 24일 순창 본당 혼인미

사에 가다가 교통사고로 뇌를 다쳐 치료와 휴양을 하느라 5월 30일 방송을 끝으로 갑자기 중단되었다. 30일 마지막 방송이 가능했던 것은 미리 녹음해 놓은 것이 있었기 때문이다.

책의 구성은 '사색의 오솔길' 방송 원고를 앞에 싣고 방송을 맡게 된 계기가 되었던 「젊은이들 늙은 거구의 교회 원치 않아」를 뒤에 실었다. 이 책은 가톨릭 신앙을 바탕으로 쉽게 접할 수 있는 일상적인 주제를 심도 있게 사색하여 시적인 언어로 아름답게 풀어내면서도 가톨릭 냄새를 풍기지 않아 천주교 신자가 아닌 사람들도 편하게 읽을 수 있다. 따라서 아직 천주교를 믿지 않는 주변 분들에게 이 책을 선물한다면 선교에도 도움이 될 것이다.

2012. 6

호남교회사연구소장 이영춘 신부

차례

사색의 오솔길을 펴내며   4

1부

사색의 오솔길	14
자유인으로 일하자	17
구걸하는 초월자	20
생명을 심자	23
할 일 없는 사람들	26
평범한 생활	29
미소	32
허무하지 않은 인생	35
욕망의 말	38
인생은 채무자	41
목마른 때 주라	44
월요병	47
청춘	50
미니사상 장발정신	53
4·19	56
얼룩송아지	59

2부

생명은 부활이다	64
생명의 향연	67
교양은 수면제인가	70
너를 닦아라	73
충성	76
희망은 찾는 사람의 것	79
적반하장	82
5월에	85
혼인	88
가정	91
어린이날	94
어린이 회복	97
어버이날	100
혈육애는 사랑의 원리다	103
석가탄일	106
어머니 마음	109
형제와 대인관계	112
슬기로운 처세술	115

3부

우정을 갖자	120
힘, 숨결 그리고 예언	123
용기는 백행百行의 근본	126
감격하라	129
주객이 전도된 시위	132
사람은 만드는 동물이다	135
친절은 예술이다	138
행복은 어디에	141
주어主語로 돌아가라	144
미래를 사는 사람	147
자기를 사랑하는 사람	150
환영받는 사람	153
몸으로 사는 사람	157
새로워질 교회	160
제1회 가톨릭 매스컴 워크숍 관련 신문기사 및 사진	165

1부

사색의 오솔길

사색한다는 것은 생명이 있기 때문이요,
그 생명력의 발현입니다.
고귀한 사색을 업신여기는 사람에게 가장 아쉬운 것은
성실성과 진실성에 소홀하다는 점입니다.
높고 값있는 사색 속에 사는 사람은 그 사람이 소유한
사회적 신분이나 재산이 어떠하든 결코 외롭지 않습니다.

4월은 생명과 희망의 이름입니다. 모든 생명들이 죽음과 절망에서 소생하고 약동하며 꿈의 씨앗을 뿌리는 달입니다. 꿈과 소망이 행동되는 이 4월은 사람들에게 탄력 있고 청명하고 평화스런 마음을 심어 줍니다.

    4월은 모든 사람들의 것입니다만 누구나 가질 수 있는 것은 아닙니다. 보람을 찾아서 땀을 흘리고, 희망을 향해서 고통을 겪고, 생명을 얻기 위해서 죽을 줄 알고, 희망을 성취하기까지 끊임없이 싸워야 하는 인내를 아는 사람들의 것입니다. 생명과 희망은 사물의 이치를 깊이 생각하는 사람들의 것입니다.

그러나 우리의 현실은 우리를 사색하면서 살도록 허락해 주지는 않습니다. 하루의 눈을 뜨기가 바쁘게 오늘 살 일을 걱정하고, 일에 시달려 싸우다 보면 귀가하기 무섭게 잠자리에 떨어지고 맙니다. 이러한 생활에는 행동과 욕망이 지배할 뿐입니다. 물론 먹기 위해서만 움직이고, 육신의 욕망을 채우기 위해서만 일하는 것이 우리 생활의 전부는 아니라고 하지만, 자신도 모르는 사이에 환경의 노예가 되어 버리는 것이 우리의 일상생활인 것 같습니다. 그러다 보면 생각하고 사색해 봐야 청승맞고 고통스럽고 비참한 것뿐이니 되는 대로 살면 되지 않느냐고 여기는 사람이 생기게 됩니다.

그러나 사람은 사색하는 힘을 가지고 있기 때문에 단순한 동물이 아닙니다. 내가 하는 말과 생각과 행동에 사색이 없다면 그것은 동물의 질서나 차원을 벗어나지 못할 것입니다.

사람이 비참하다는 것을 느낀다는 사실은 확실히 비참한 일입니다. 그러나 식물이나 동물은 자신의 비참함을 모릅니다. 사람은 그 비참함을 느끼기 때문에 위대한 것입니다. 우리의 사색이 비참하고 고통스러운 것이라고는 하지만 우리는 오히려 그것 때문에 인류의 역사를 창조하며 발전시키고 있습니다.

사색한다는 것은 생명이 있기 때문이요, 그 생명력의 발현입니다. 고귀한 사색을 업신여기는 사람에게 아쉬운 점은 성실성과 진실성에 소홀하다는 점입니다. 높고 값있는 사색 속에 사는 사람은 그 사람이 소유한 사회적 신분이나 재산이 어떠하든 결코 외롭지 않습니다. 사색하는 생활은 감상의 옷을 입고 걸어가는 유한객有閑客의 생활을 말하지 않습니다. 인생을 명석하고 이치에 맞게, 그리고 현명하게 사고하는 것이 사색의 길입니다.

그러나 사색의 길은 대로大路가 아니라 오솔길입니다. 누구에게나 가능한 길이지만 소유하기에는 노력이 필요한 좁은 길입니다. 목마른 사슴이 걷는 길이요, 때묻지 않은 자연을 만나는 길입니다. 의식하고 노력하는 모든 성실한 사람들이 걷는 길입니다.

1973. 4. 2.

자유인으로 일하자

자유인은 일을 사랑하지만 노예인은 업적을 사랑합니다.
자유인은 육신의 노력에서 오는 육체의 고통과 괴로움을 느끼지만
노예인은 정신적인 괴로움에 신음합니다.
세상에 고귀한 모든 것은 노력과 고통 없이 이루어진 것이라고는
하나도 없습니다.

아침은 정녕 부지런한 사람들이 가져오는가 봅니다. 남들이 아직은 잠자리에 있을 시간에도 자기가 해야 할 일에 열심히 움직이는 사람들의 모습은 보는 사람들의 눈을 싱싱하고 맑게 해줍니다. 그런 사람들이야말로 힘껏 일하는데 행복이 있다는 것을 알고 있는 분들이라고 여겨집니다.

세상에 일하기 좋아할 사람들이 어디에 있겠습니까만,

그러나 일은 사람에게 천부적임을 부인할 사람도 없습니다. 우리는 일하는 태도에 따라 두 가지 부류의 사람으로 나눌 수 있습니다. 하나는 자유인으로 일하는 사람이요, 다른 하나는 노예인으로 일하는 사람입니다.

자유인은 자기가 하는 일을 자신의 것으로 열정을 가지고 하지만 노예인은 남에게 얽매여 어쩔 수 없이 일합니다. 자유인은 진정으로 자기가 하고 싶은 일이 무엇인지를 알고 헌신적으로 일하지만 노예인은 일을 하면서도 헌신적으로 하지 않습니다. 자유인은 일을 사랑하지만 노예인은 업적을 사랑합니다. 자유인은 육신의 노력에서 오는 육체의 고통과 괴로움을 느끼지만 노예인은 정신적인 괴로움에 신음합니다. 세상에 고귀한 모든 것은 노력과 고통 없이 이루어진 것이라고는 하나도 없습니다.

노동이 신성하다는 말은 하나의 위안을 주기 위한 위로가 아닙니다. 창조주께서 만물의 영장인 인간을 조성하시는 과정을 보면, 마치 토기장이가 그릇을 빚어내듯이 천하에 일하시는 모습을 볼 수 있습니다. 일은 생명과 활동을 가진 모든 것들의 의무요, 특권입니다. 사람이 세상을 살아가면서 혼자서는 살 수 없다는 것을 느껴 본 사람이라면 일에는 귀천이 없다는 것을 쉽게 절감할 것입니다.

많은 사람이 자기가 하는 일에 불만과 불행을 느끼는 것은 자신이 하는 일의 중요성에 대한 성실한 신념이 부족한 데서 오는 것일 겁니다. 먼지를 쓰고 땀을 흘리며 자기 안방을 청소하듯이 거리를 쓸고 진실하게 일하는 청소부들의 얼굴에는 불행을 한탄하거나 비굴한 표정도 없습니다.

성실과 열정은 자기가 하는 일을 성공시키는 데 가장 큰 비결입니다. 거기에는 고됨도 없고 싫증도 없습니다. 성실하게 자기의 책임을 다하는 사람은 자신을 자랑해도 좋습니다.

그러나 일하지 않고 살 수 있다 해서 일하지 않는 사람은 인류의 역사와 자기 조상에 대한 모독자입니다. 역사와 조상이 남긴 발자국을 외면하는 것이기 때문입니다.

자유인은 책임을 가지고 자기가 맡은 이상의 일을 하면서 또한 책임을 찾아냅니다. 이것이 신이 남겨 놓은 창조의 과업을 계승하는 것일 겁니다.

1973. 4. 3

구걸하는 초월자

내가 얻고자 하는 것이 있다면
다른 사람이 그것을 갖기까지 바쳐온 노력만큼
나도 노력해야 할 것입니다.
이 세상의 무엇 하나도 대가 없이 얻은 거라고는 없습니다.
남이 노력해서 얻은 것을 수고 없이 기대해서는 안 될 것입니다.

우리의 생활 중에서 얻는 값있고 유익한 경험이야말로 인생에 고귀한 마음을 길러 주는 영양소가 됩니다. 흔히 우리는 값있는 것을 배우고 경험한다는 것을 권위 있는 사람이나 사회에 기대하는 경우가 많습니다. 그러나 우리의 생활을 관찰해 보면 전혀 기대할 수 없던 사람이나 환경에서도 훌륭한 지식과 경험을 교훈받을 수 있습니다.

제가 5년 전 부산행 야간 완행열차를 타고 삼랑진쯤에서 겪은 일입니다. 겨울 날씨답게 몹시 추운 날이었는데 몸도 제대로 감싸지 못한 반신불수의 걸인 행색인 중년 여인이 손님들에게 껌을 팔고 있었습니다. 그런 사람들이야 우리가 어디서나 쉽게 만날 수 있습니다.

그러나 그 여인은 평범한 걸인이 아니었습니다. 마침 그 여인이 제 앞에도 왔습니다. 저는 그때 가난한 학생의 신분이었습니다만 50원 한 장을 주면서 껌은 필요없다고 말했습니다. 그러자 그 여인이 하는 말이 "나는 손님이 정당한 가격으로 껌을 사 주는 동정을 바랄 뿐 구걸을 원하지는 않는다"면서 제 앞을 그냥 지나갔습니다.

저는 참으로 부끄러웠으나, 한편 가슴이 뭉클한 감동을 느꼈습니다. '저 사람에게는 돈이 희망이요, 구세주요, 구걸도 인정받을 터인데…' 하는 저의 생각을 우습게 만든 것입니다. 그 여인의 태도는 저에게 사람은 빵만으로 살지 않고 더 높은 가치 때문에 산다는 것을 모르느냐고 조소하는 듯 했습니다.

그 여인의 정신은 진정 오늘날 사회가 본받고 실천해야 할 진리라고 힘주어 느꼈습니다. 그 여인은 몸으로 사는 것이 아니라 마음으로 살 줄 아는 사람이었습니다. 그 여인은 구걸하는 초월자입니다.

　오늘날 우리 사회는 부조리한 병폐가 만연해 있습니다. 그 이유야 여러 가지로 말할 수 있을 겁니다만 무엇보다 정당한 대가가 교환되지 못하는 데 있다고 할 수 있을 겁니다.

　회계사무를 보는 분들이 종종 겪으시는 일입니다만, 계산을 하다가 남는 돈이 있으면 결국 그만큼이 오히려 모자라게 된다고 합니다. 부당한 이득은 곧 손해와 같은 것입니다.

　정당한 대가를 요구할 줄 모르는 사회는 가장 불성실한 사회를 만듭니다. 우리가 미워하는 일이 있다면 불로소득일 것입니다. 내가 얻고자 하는 것이 있다면 다른 사람이 그것을 갖기까지 바쳐온 노력만큼 나도 노력해야 할 것입니다. 이 세상의 무엇 하나도 대가 없이 얻은 거라고는 없습니다. 남이 노력해서 얻은 것을 수고 없이 기대해서는 안 될 것입니다.

　구걸하는 초월자가 모인 사회는 항상 평화와 축복이 있을 겁니다.

1973. 4. 4

생명을 심자

나무는 하루에 성장하지 않습니다.
오늘 심는 마음보다 내일 가꾸는 정성이 더 중요합니다.
자식을 위해서 오동나무를 심고 가꾸는 부모의 마음이
진정 아쉽습니다.
그 부모는 먼 내일을 위해 오늘을 투자하는 것입니다.
그것은 자식의 생명을 심는 것이요. 사랑을 심고 꿈을 심는 것입니다.

4월은 나무를 심는 달입니다. 지금 우리나라는 나무를 심는데 대단한 노력을 기울이고 있습니다.

울창하게 잘 가꾸어진 나무가 있고 맑은 물이 흐르는 시내가 있는 자연풍경은 우리 마음에 평화를 안겨다 줍니다. 그러나 우리의 산하와 주변은 아직 녹화가 이루어지지 못했습니다. 우리가 나무를 심는 것도 중요하지만, 그 나무를 심는 마음이 더 중요합니다.

옛부터 "딸을 낳으면 오동나무를 심으라"는 말이 있습니다. 또한 화란의 철학자 스피노자는 "내일 세계의 종말이 온다 해도 나는 오늘 한 그루의 사과나무를 심겠다"고 하였습니다. 우리는 그동안 오늘을 위해 나무를 베었지만, 내일을 위해 나무를 심는 일에는 소홀히 하였습니다.

나무는 하루에 성장하지 않습니다. 오늘 심는 마음보다 내일 가꾸는 정성이 더 중요합니다. 자식을 위해서 오동나무를 심고 가꾸는 부모의 마음이 진정 아쉽습니다. 그 부모는 먼 내일을 위해 오늘을 투자하는 것입니다. 그것은 자식의 생명을 심는 것이요. 사랑을 심고 꿈을 심는 것입니다.

요행을 바라면서 형식으로 심지 않고 진실과 확신을 가지고 심는 것입니다. 그렇기 때문에 소홀히 하지 않습니다. 그 나무에 자식의 생명과 꿈과 사랑이 있기에 한순간이라도 태만할 수는 없는 것입니다.

헐벗은 산은 희망이 없습니다. 황폐한 산은 잔인한 사람들의 마음을 얘기합니다. 부유한 나라일수록 울창한 숲과 풍부한 자연이 있습니다. 내일에 희망을 두고, 내일에 확신을 가지고 참고 견딘 인내의 풍요인 것입니다.

나무는 사람의 기대를 외면하지 않습니다. 심고 가꾸면 틀림없이 무럭무럭 자랍니다. 노력을 기울이면 우리의 뜻을 채워 줍니다. 우리가 쏟는 정성을 그대로 다 받아들입니다. 자식을 위해 나무를 심는 부모는 피와 핏줄로 엉킨 사랑의 나무를 심는 것입니다. 자라 주는 모습 때문에 지루하지 않습니다. 자식을 위하는 일이기 때문에 어떤 어려움도 참습니다.

우리는 무엇이든 심어야 하겠습니다. 풍요한 역사를 가져올 염원을 심어야 하겠습니다. 나무를 사랑하고 소중하게 가꾸는 사람 가운데 악인은 없습니다. 보잘것없는 생명에게까지도 사랑을 줄 줄 아는 마음 때문일 겁니다.

우리는 오늘도 내일도 희망의 나무를 심어야 하겠습니다.

1973. 4. 5

할 일 없는 사람들

희생과 봉사와 사랑이 없는 세상은 빈 무덤입니다.
이러한 세상에서는
인간과 인간이 서로 늑대가 되어 가고 있는 것입니다.
사람의 본성은 자기중심적인 이기심이 강한 면도 있습니다만,
희생의 가치를 아는 마음이 더 큰 것입니다.

요사이 봄볕이 따사로와지면서 우리 주변의 표정도 한결 명랑해집니다. 사람들의 밝고 가벼운 옷차림이나 경쾌한 발걸음은 보는 사람의 마음을 상쾌하게 해줍니다. 들에서 공기를 파헤치듯 솟아오르는 보리밭이며, 부지런히 일손에 여념이 없는 농부들의 모습이 사람들에게 모든 것은 생명을 위해서 있다는 사실을 새삼 느끼게 해줍니다.

세상의 모든 피조물은 무언가를 위해 존재하고, 누군가를 위해서 살고 있습니다. 우리의 생활이 아무리 고되고 역겹더라도, 내가 누군가를 위해 존재한다고 느끼거나, 자신을 위해 주는 누군가가 있음을 발견할 때 우린 세상 살맛이 납니다. 소중한 처자식을 위해 실직實直한 머슴처럼 일하시는 아버지를 보면 마음이 든든해집니다. 서로가 화목하고 이웃끼리 다정한 사회는 구원이 기대됩니다.

인간의 역사는 희생에서 시작되고, 봉사에서 성장하고, 헌신에서 마칩니다. 희생은 풍족한 창조의 밑거름입니다. 또한 봉사는 행복의 좌표이며, 헌신은 구원의 대속물代贖物입니다.

우리는 행동의 중심과 지향의 표준을 압니다. 우리가 우리 행동의 표준을 선과 정의에 둔다면 그것은 바로 행복의 산실이 됨을 압니다. 그러나 이익의 추구만을 꾀한다면 악과 파멸의 불씨가 된다는 것도 경험하고 있습니다.

세상의 나라들이 사기 나라의 이익에만 철저하기 때문에 세상은 전쟁의 연속극을 끝내지 못하고 있습니다. 사회가 감정과 이해타산으로 모인 이웃뿐일 때 그 사회는 맹수들의 밀림지대를 벗어나지 못한다는 것을 알고 있습니다. 그러나 오늘도 우리 주변에는 희생과 봉사를 할 일 없는 사람들의 한가한 놀음으로 여기는 풍조가 있습니다.

 헌신적인 노력도 할 일 없는 사람들의 광기라고 생각하는 사람들이 있습니다. 우리는 이러한 현실에 마주칠 때마다 역사에 남은 모든 위대한 철학과 종교들이 희생과 봉사와 헌신을 크게 외친 그 이유를 알 것 같습니다.

 희생과 봉사와 사랑이 없는 세상은 빈 무덤입니다. 이러한 세상에서는 인간과 인간이 서로 늑대가 되어 가고 있는 것입니다. 사람의 본성은 자기중심적인 이기심이 강한 면도 있습니다만, 희생의 가치를 아는 마음이 더 큰 것입니다. 지상에 인간이 존재하는 한, 할 일 없는 사람들의 행동과 정신을 노래하는 마음은 영원히 사라지지 않을 것입니다.

 오늘도 우리의 생활에는 할 일 없는 사람들로 모인 사회가 아쉽고, 그들의 노래가 우리의 안방에까지 들려 오기를 절실하게 바랍니다.

1973. 4. 7

평범한 생활

평범한 노력은 사회에 물의를 일으키지 않습니다.
평범하게 살려는 사람은 지나친 욕심으로 이웃을 괴롭히지 않습니다.
평범한 생활을 인정하는 사람은 어떤 고통도 극복할 수 있는
마음의 여유가 있습니다.

오늘도 평범한 하루가 시작되고 있습니다. 우리의 일상생활은 평범하고 상식적인 일들의 연속입니다. 사람의 일생을 한 벌의 옷에 비한다면 시소한 일들로 평범하게 짜여서 기워신 옷이라고 할 수 있겠습니다. 우리가 지금 호흡하고 있는 이 공기도 평범한 공기인 것처럼 먹고 자고 일하는 모든 것이 사소하지 않은 일이라고는 없습니다.

만약 우리가 평범한 공기를 마시지 못하거나 평범하게

먹고 자고 일하지 못한다면 우리의 몸은 변을 당하게 될 것입니다. 우리가 매일 만나는 사람들도 평범한 사람들입니다. 평범하지 못한 사람이 있다면 그는 이상한 사람, 정상적이 못되는 기인奇人일 것입니다. 우리는 정상적이 못되는 사건을 신기한 일이라고 합니다.

역사가 남긴 위대한 업적도 따지고 보면 일상생활 속에서 작은 일에 충실하고 평범한 일을 항구하게 실행한 것뿐입니다. 사람은 누구나 평범한 일이나 사람들을 좋아합니다. 우리는 평범한 날을 살기 위해서 무사하기를 빌고 있습니다.

평범한 생활은 곧 진리입니다. 세상의 갖가지 불행은 평범하게 할 수 있는 일들보다 할 수 없는 일들을 하려는 데서 시초가 되고 무리가 생기고 악이 자랍니다. 우리의 모든 노력이 평범한 사람이 되려는 데 있다면 그것을 우리는 덕이라 말합니다. 우리는 몸에 맞지 않는 옷을 입었을 때 웃음거리가 될 것입니다.

그러나 평범한 생활을 찾는다고 해서 소극적으로 흐느적거리며 살라는 말과는 구별할 줄 알아야 합니다. 다만 지나치거나 미치지 못하는 것은 악의 특색이요, 중용은 덕의 특색이라는 말입니다. 우리의 건강을 위하는 약이라도 모자라게 먹으면 효력이 없고, 지나치게 먹으면 도리어 몸을 해치는 결과를 빚게 됩니다.

평범한 노력은 사회에 물의를 일으키지 않습니다. 평범하게 살려는 사람은 지나친 욕심으로 이웃을 괴롭히지 않습니다. 평범한 생활을 인정하는 사람은 어떤 고통도 극복할 수 있는 마음의 여유가 있습니다. 평범한 인생을 바라보며 걷는 사람은 어떤 불행에도 당황하지 않습니다.

우리의 속담에는 '느릿느릿 걸어도 황소걸음'이라는 말이 있습니다. 물론 우리가 하는 일에는 최선의 노력이 필요합니다. 그러나 급하면 믿음성에 소홀하기가 쉽습니다. 형식에 매이면 실속이 약합니다. 이것이 생활이 주는 교훈입니다.

우리는 평범한 황소걸음이 우리의 생활이어야 하겠습니다.

1973. 4. 9

미소

미소는 화평하고 순수합니다. 미소는 생활의 청량제이고 촉진제입니다. 미소는 상대 없이 혼자 지닐 수 있고 자신을 위해서
절대 필요한 마음의 평화입니다.
미소는 자신이 지닌 마음의 평화를
모두에게 나누어 줄 수 있는 것입니다.
우리는 어느 한순간에도 미소가 아쉽습니다.

평화스런 하루는 해맑은 표정으로 미소 짓는 사람들의 얼굴이 신고 옵니다. 아침부터 조용한 미소를 가진 사람들로 모인 사회와 가정은 그 하루가 축복으로 시작됩니다.

우리의 생활이 아무리 고달프더라도 티 없이 맑은 사람들의 미소가 있는 일터는 용기와 희망이 있습니다. 웃음은 누

구나 천성적으로 지니고 있는 훌륭한 예술입니다. 사람이 웃을 줄 아는 동물이라는 것은 사람만이 웃을 수 있는 능력을 가졌다는 말일 것입니다. 웃음은 가난한 사람이거나 부자이거나, 백치이거나, 천재이거나, 천민이거나, 귀족이거나, 신분과 처지를 가리지 않고 소유하는 공의公義로운 보배입니다. 또한 웃음은 마음의 표현이요, 마음의 흐름에서 나오는 율동이요, 노래입니다. 따라서 웃음의 표현이 어떠한가에 따라 그 사람이 가진 내면의 마음과 인품을 볼 수 있습니다.

웃음은 누구나 가질 수 있지만 알맞게 웃기는 힘든 일입니다. 웃음은 인격이기 때문입니다. 아첨하는 웃음은 비굴하고, 민망스레 아양 떠는 웃음은 교양이 없고, 실없이 웃는 웃음은 주관이 없고, 살기殺氣 어린 웃음은 잔인하고, 분위기와 남을 생각하지 않는 웃음은 천박하고 교만합니다.

웃음은 마음의 조종사입니다. 어떤 웃음을 가지려고 노력하는가에 따라 그 심경의 변화도 가져올 수 있습니다. 밝고 트인 웃음은 답답한 마음을 확 퍼지게 합니다. 취미가 없는 노래도 들을수록 흥을 느끼듯이 선택하고 노력하는 웃음의 종류에 따라 마음의 상태도 바뀌어집니다.

웃음은 마음을 아름답게 가꾸는 화장입니다. 생활이 침울한 사람은 밝은 웃음을, 걱정에 실소失笑하는 사람은 자신 있는 웃음을, 분노에 휩싸이는 사람은 평화스런 웃음을 웃도록 관심을 기울여야 할 것입니다. 그러나 가장 힘 있고 부담 없는 웃음은 미소입니다. 미소는 형식도 과장도 기술도 필요하지 않습니다. 미소는 누구에게나 친근하고 호감 있고 다정합니다. 미소는 화평하고 순수합니다. 미소는 생활의 청량제이고 촉진제입니다. 미소는 상대 없이 혼자 지닐 수 있고 자신을 위해서 절대 필요한 마음의 평화입니다. 미소는 자신이 지닌 마음의 평화를 모두에게 나누어 줄 수 있는 것입니다.

우리는 어느 한순간에도 미소가 아쉽습니다.

1973. 4. 10

허무하지 않은 인생

우리는 마음으로 일할 때 비록 결과야 초라하더라도
그 발자취는 풍족하고 사람들은 사랑의 법열을
명상할 것입니다.
이것이 허무하지 않은 인생입니다.

사람이 나이를 먹는 것이 두렵다면 그것은 자신이 가진 능력을 점점 빼앗긴다고 생각하기 때문일 것입니다. 자기의 할 일을 빼앗긴다는 것은 생명의 권리를 박탈당하는 느낌이요, 자신의 능력을 상실한다는 것은 자유를 잃는 마음일 것입니다. 나아가 인생의 폭군이라면 인생의 노년은 허무와 고독을 반추反芻하는 시기라고 하겠습니다.

그러나 사람이 몸으로 사는 이상 육신으로 오는 나이도

있지만 그보다 마음으로 오는 정신적인 연령도 있습니다. 우리는 종종 젊은 노인이니, 늙은 젊은이니 하는 말을 듣습니다. 그 사람이 가진 활기나 능력이나 행동과 적극성에 따라 그 사람을 젊은 노인으로 아니면 늙은 젊은이로 부른 것입니다. 우리는 초라하게 여생을 보내는 노년을 생각하면 서늘한 허무도 느낄 것입니다. 그러나 노년은 사물의 맛을 알고 인생을 이해하는 원숙이 있습니다.

제가 알고 있는 노인 중에는 이런 분이 계십니다. 그분은 자녀들을 다 키워 성혼시켜서 모두 넉넉한 살림을 꾸리고 있고, 자식에게 의존하거나 손수 일하지 않아도 여생을 편안히 지낼 만큼의 재산도 있습니다. 그런데 그 칠순 노인은 다른 농부들과 똑같이 일을 합니다. 그렇다고 재산을 더 늘려야 한다는 욕심이 있어서 그러는 것도 아닙니다. 저는 그 노인을 뵐 때마다 그분의 노익장과 성실성에 존경하는 마음이 일었습니다.

어느 날 노인으로부터 이런 이야기를 듣고 저는 깊은 감화를 받았습니다. "나는 자식들에게 남길 유산도 있고, 부모로서 할 일도 다 했지만 아직 한 가지 가장 소중하게 남겨야 할 유산을 위해서 죽을 때까지 할 일이 있다"고 하셨습니다. 그것은 자립정신이요, 생활에 대한 성실성이라는 것입니다.

저는 그분의 노년을 위대한 노년이라고 찬양합니다. 그분은 자식에게 남길 영원한 유산이 무엇인지를 행동으로 보여 주시는 분입니다. 자식들의 가슴 깊숙이 자신의 생활을 심어 주는 그분의 마음은 후손들의 행복 속에 영원히 살아남을 것입니다.

동물은 죽어서 식물의 거름을 남기지만 인간은 죽어서 정신의 거름을 남겨야 한다는 것을 가르쳐 주는 분입니다. 그분은 노년의 허무와 고독을 극복하신 분이요, 허무하지 않은 인생을 살 줄 아는 분입니다. 그분의 손등은 고목처럼 거칠지만, 마음속에는 윤기가 흐르고 젊음보다 왕성한 인생의 꽃이 피어 있습니다.

우리는 마음으로 일할 때 비록 결과야 초라하더라도 그 발자취는 풍족하고 사람들은 사랑의 법열法悅을 명상할 것입니다. 이것이 허무하지 않은 인생입니다.

1973. 4. 11

욕망의 말 [馬]

인간이 타고 있는 욕망의 말은 행복의 목적지를 향한 수단입니다.
그러나 많은 사람이 욕망이라는 말을 탄 것이 아니라
욕망의 말이 사람을 타고 조종하고 있습니다.
수단이 목적을 조종하고 도구가 사람을 지배할 때
인간은 가장 큰 불행에 빠지게 됩니다.

우리 속담에 '말 타면 경마 잡히고 싶다'는 말이 있습니다. 인간의 탐욕은 구멍난 주머니와 같습니다. 우리는 욕망이 가져다 주는 불행을 겪을 때면 욕망을 버리는 것이 행복의 지름길임을 느끼곤 합니다. 그러나 사람에게 욕망은 생리적인 것입니다. 욕망은 생활에 있어서 촉진제요, 맥박과 같습니다.

허나 우리의 욕망이 비극이 되지 않으려면 그 욕망은 정신적인 욕망이어야 합니다. 그 욕망이 물질적인 욕망일 때 인간은 두 가지의 비극을 맛보게 됩니다. 하나는 인간이 자기의 욕망을 충족시킨다는 것이 불가능하다는 것이요, 다른 하나는 그 욕망을 성취했을 때 찾아오는 허탈감입니다. 사람에게 욕망이 없다면 새로운 것에 대한 관심도 발전도 기대할 수 없습니다. 그러나 인간의 발전은 소유욕에 못 박히지 않고 새로운 가능성을 향해서 정진했을 때 기대되는 것입니다.

사람이 타고 있는 욕망의 말은 허공을 달리거나 물속을 뛰는 것이 아닙니다. 그 말이 달리는 곳은 지상이요, 현실입니다. 인간이 타고 있는 욕망의 말은 행복의 목적지를 향한 수단입니다. 그러나 많은 사람이 욕망이라는 말을 탄 것이 아니라 욕망의 말이 사람을 타고 조종하고 있습니다. 수단이 목적을 조종하고 도구가 사람을 지배할 때 인간은 가장 큰 불행에 빠지게 됩니다. 이러한 사회는 노예의 사회요, 인격이 있을 수 없습니다.

우리의 최종 노력은 인간이 인간답게 되는 데 있습니다. 인격이 없는 우정에는 너와 나의 만남이 이용가치에 흐르게 됩니다. 인격이 없는 사랑은 언제나 배신이 가능합니다. 인격이 없는 사회는 기계의 조립품에 불과합니다. 기계의 사회에서는 생사를 함께하는 공동 운명을 기대할 수 없습니다. 우리는 모두가 나의 욕망을 사랑합니다. 그러나 남과 우리의 욕망을 잊었을 때 나의 욕망은 그것이 아무리 훌륭하더라도 독선과 착취와 사심을 벗어나지 못합니다.

    우리는 인간다움을 위하는 욕망이 아쉽습니다.

1973. 4. 12

인생은 채무자

풍족해서 주는 것보다
아깝고 소중한 것을 주는 사람을 더 좋아합니다.
아무것이나 분수 없이 주는 사람보다
능력에 따라 가려서 주는 사람을 더 좋아합니다.
기회나 이해타산을 찾아서 주는 사람보다
언제나 조건 없이 주는 사람을 진정으로 좋아합니다.

우리가 사는 모습은 구차한 것을 외치는 걸인과도 같습니다. 우리가 하는 모든 일에서 우리 내심의 밑바닥에서 우리는 무언가에 매달리고 있는 느낌을 갖습니다. 어떤 사람은 절대자에게, 어떤 사람은 자기 자신에게, 어떤 사람은 자연에게, 심지어 어떤 사람은 물건에게까지 빌고 있습니다.

우리가 바라는 일이 절실하고 급하다면 그만큼 내심의 구걸도 더욱 애절합니다. 그러나 그 소리가 나의 것이 아니라 밖으로부터 나를 향해 들려올 때면 내가 전혀 알지 못했던 소리처럼 냉담하기 쉽습니다. 이래서 우리는 망각하는 동물의 본성을 드러내고 맙니다.

구걸하는 사람은 주는 사람을 좋아합니다. 요구를 받아서 주는 것보다 미리 알아서 찾아 주는 사람을 더 좋아합니다. 풍족해서 주는 것보다 아깝고 소중한 것을 주는 사람을 더 좋아합니다. 아무것이나 분수 없이 주는 사람보다 능력에 따라 가려서 주는 사람을 더 좋아합니다. 기회나 이해타산을 찾아서 주는 사람보다 언제나 조건 없이 주는 사람을 진정으로 좋아합니다.

주는 사람은 구하러 오는 사람에게 희망을 주고 있습니다. 주는 것이 본분이요, 기쁨이요, 생명이기 때문입니다. 주는 사람에게는 아낀다는 것이 곧 불행이요, 종말입니다. 우리는 생명의 본분은 주는 것이라고 말합니다.

사람이 물질과 정신으로 살고 있다면 준다는 것은 물질만도 정신만도 아닙니다. 물질과 정신이 나 자신이기 때문입니다. 나 자신을 줄 때만이 진실로 주는 것이라 할 수 있습니다. 자신을 주고받는 사회는 경멸이나 모욕이나 열등감이 없습니다. 은혜를 알면서 감사하는 사회는 인생의 동반자를 발견하게 하고, 고독하지 않습니다. 고독하지 않은 사회는 역경과 고난을 극복할 용기와 새로운 기대에 자신을 갖게 합니다.

주는 것이 생명의 본분이라면 세상의 생명은 남에게 받지 않는 것이라고는 아무것도 없습니다. 우리는 모두가 채무자입니다. 우리는 출생부터 조상과 부모에게 빚진 사람입니다. 사람은 혼자서 외로운 섬[島]인 양 살 수 없기에 사회는 빚진 자들로 모인 조합과 같습니다. 빚진 자의 사회에서는 준다는 것이 우월감이 아닙니다. 빚진 자의 사회에서 주는 사람은 받는 사람에게 멍에를 지우거나 은혜의 부담을 주는 일이 없습니다. 서로 손을 잡고 아낌없이 주는 가치와 기쁨을 나누면서 인생길을 걷는 것입니다.

1973. 4. 13

목마른 때 주라

재능이 근면과 지혜의 선물이 되지 못할 때 인간은
교만한 우상이 됩니다.
건강이 건전한 마음의 생산물이 되지 않으면
인간은 평화의 파괴자가 됩니다.
우리는 거름이 대지를 비옥하게 하지만 뿌려지지 않고 쌓여 있으면
악취와 병균의 무더기가 된다는 사실을 기억합니다.

봄은 살고 싶은 계절입니다. 기운이 샘솟고 윤기가 흐르는 생명이 청순하게 향기를 내뿜는 계절입니다. 그러나 메마른 봄 하늘은 연약한 생명의 기지개를 꺾습니다. 이런 하늘이 있는 자연은 생생한 빛과 부드러운 소망이 먼지를 쓰고 수줍게 부풀은 봄꿈을 휘청거리게 합니다. 그래서 사람들은 잔인한 4월

을 새롭게 노래합니다.

때를 맞추어 대지를 적셔 주는 비는 봄에게 커다란 은총입니다만, 때를 잃은 비는 생명을 죽이는 무서운 불행이 됩니다. 산과 들은 인색한 하늘을 향해서 절망에 안개 낀 먼지를 쓴 채 희망의 밑뿌리를 분노의 열기로 질식시킬 것입니다. 수목들은 하늘이 갖지 않은 것을 기대하는 억지가 아니라 가진 것을 받지 못하는 안타까움에 갈증을 느낄 것입니다. 이러한 자연의 모습은 우리에게 많은 것을 생각나게 해줍니다. 세상에 있는 모든 것은 그것이 물질이건 마음이건 간에 주어야 할 시기와 필요로 하는 대상을 외면할 때 무익하기보다는 오히려 악이 된다는 것입니다.

재물은 인간의 노력과 생명을 가늠하기도 하지만 사람에게 봉사하지 못할 때 모든 악의 근원이 됩니다. 지식이 참된 인간을 발견하는 실행에 옮겨지지 못할 때, 인간에게 암적인 사치와 불행이 됩니다.

재능이 근면과 지혜의 선물이 되지 못할 때 인간은 교만한 우상이 됩니다. 건강이 건전한 마음의 생산물이 되지 않으면 인간은 평화의 파괴자가 됩니다. 우리는 거름이 대지를 비옥하게 하지만 뿌려지지 않고 쌓여 있으면 악취와 병균의 무더기가 된다는 사실을 기억합니다.

사람은 현실에 어두워지면 어리석어지기 쉽습니다. 향락과 도박에 빠진 아버지는 천금을 버리면서도, 학용품을 사겠다고 울먹이는 자식의 동전 몇 푼엔 무관심합니다. 자기도취와 자만에 흥청거리는 사람은 이웃의 불행에 코웃음을 칩니다. 가진 것을 더욱 갖고 싶어 광분하는 사람은 권모술수를 재능으로 여깁니다. 이것은 모두가 자기 소유물에 소유 당하고 있는 웃지 못할 인간의 모습입니다. 그러나 이러한 참상의 주인공들도 한번쯤은 허전한 가슴을 가질 줄 압니다. 메마른 가슴에 인정의 비가 내리고 마음을 씻어 내듯 한숨도 쉽니다. 이는 바로 사람은 소유한 것을 사랑하면서도 얽매이지 않는다는 자유인의 증거입니다.

우리는 소유하는 구속보다 주는 자유에서 행복을 찾는 마음의 가난이 그립습니다.

1973. 4. 14

월요병

휴식은 실업자의 한가한 놀음이 아닙니다.
생각과 일로 심신이 무거울 때 잠깐 몸과 정신을 바로잡고
새로운 힘을 저축하는 노동의 계속인 것입니다.
월요병의 치료는 약이나 긴 시간의 휴식만으로 이루어지지 않습니다.
사물을 대하면서 일어나는 감정을
순수하고 평화롭게 가다듬을 줄 아는
마음의 수도가 중요합니다.

휴식의 참맛은 일하는 사람만이 진정으로 알 수 있습니다. 오늘날 생활이 복잡다단해지면서 사람들은 마치 정비 한 번 못한 채 혹사당하는 기계처럼 살고 있습니다.

휴일을 기다리는 사람들은 누구나 느끼는 마음이겠습니다만 주말이면 새장 속의 새가 창공을 나는 듯한 해방감으로

마음의 여유와 함께 몸도 가벼워집니다. 휴일의 아침은 티 없이 맑고 누구와도 웃고 싶습니다. 그러나 휴일의 오후가 되면 저무는 땅거미처럼 마음에 불안과 초조의 어둠이 깔립니다. 내일부터 한 주일을 한 편의 영화를 연속 상영하듯이 똑같은 얼굴, 똑같은 일, 똑같은 환경에 반복해서 시달린다는 것은 그렇게 유쾌한 일이 아님은 물론입니다.

사람들은 언제부터인지 모르지만 월요병이라는 새로운 병명을 말하고 있습니다. 겉보기에는 멀쩡한 사람이 머리가 무겁다, 노곤하다, 졸립기만 하다거나 심하면 잠이 잘 오지 않는다고 합니다. 오늘날의 많은 사람들이 이러한 비정상적인 건강 상태를 하루하루 쌓아 가면서 살고 있습니다. 그것은 직장인이건 학생이건 늙은이건 젊은이건 구별이 없는 듯 합니다. 이 병은 충분한 휴식을 갖지 못하고 일요일마저 하는 일 없이 피곤하게 쫓기다가 보낸 서민들의 생활병입니다. 그래서 월요병은 육체적인 노동이 많아서 생긴다기보다는 생활의 초조나 불안이나 공포나 마음의 갈등이 주는 정서의 불안정에서 오는 것입니다.

우리는 휴식을 시간의 길이로 계산하려는 습성이 있습니다. 그러나 바쁘게 찧는 방아에도 손길 놓을 틈이 있다고 합니다. 휴식은 실업자의 한가한 놀음이 아닙니다. 생각과 일로 심신이 무거울 때 잠깐 몸과 정신을 바로잡고 새로운 힘을 저축하는 노동의 계속인 것입니다. 월요병의 치료는 약이나 긴 시간의 휴식만으로 이루어지지 않습니다.

사물을 대하면서 일어나는 감정을 순수하고 평화롭게 가다듬을 줄 아는 마음의 수도가 중요합니다. 우리의 하는 일은 위장의 노예가 아니라, 세상을 우리의 것으로 만들려는 진실한 생활에 뜻이 있는 것입니다. 내 주변의 모든 사물들에 애정을 가지고, 소중하게 어루만질 때 맑은 눈과 명랑한 마음과 힘 있는 활동이 기대됩니다. 신념에 성실하고 자신에 충실할 때 정서의 안정이 심어집니다.

내가 사는 삶 속에 사랑하는 사람들의 모습을 발견하는 것만이 월요병을 퇴치하는 가장 확실한 처방일 것입니다.

1973. 4. 16

청춘

청춘의 물결은 천 길 파도와도 같습니다.
청춘의 외침은 불가능을 몰아내는 웅변입니다.
청춘의 입김은 반목을 녹이고 화해와 일치를 가능하게 하는
용광로입니다. 청춘이 하는 일은
이기적인 사람들에게는 어리석음이요,
현실을 우상화하는 사람에게는 바보요,
전통의 노예들에게는 파괴자입니다.

우리는 눈이 피로하면 짙푸른 나무숲을 바라봅니다. 가슴이 돌심장인 사람이라도 꽃향기 질펀한 청춘의 들을 거닐면 사랑의 열병에 발바닥이 뜨거워집니다. 기력이 풀 죽은 사람에게 청춘의 싱싱한 율동은 생의 용기를 뼛속에서 뿜어 오르게 합니다.

하나에 만족하려는 사람에게 청춘의 소리는 새로운 귀를 열어 줍니다. 청춘의 탄탄한 근육과 뜨거운 피를 바라보는 사람은 오늘에 만족하지 않습니다. 청춘은 유약한 어린이에게는 동경의 눈길이요 늙어가는 장년에게는 생활의 채찍입니다. 청춘은 달리는 경주자의 모습입니다. 뛰고 있는 청춘에는 성급한 실패의 말도, 성공의 말도 없습니다.

청춘은 미래가 있습니다. 희망이 있고 갈망과 기대가 있습니다. 살겠다는 사람들의 이름이요, 풍요한 역사를 향해서 일해야 할 명분이요, 우주가 바라는 바를 성취할 때까지 지녀야 할 시대의 연령입니다.

청춘은 역사의 신화를 만드는 작가요, 시인의 붓끝입니다. 물이 거꾸로 흐를 수 있다는 억지가 가능한 기적입니다. 인류에 청춘이 없다면 우주는 폐품이 되었고 세계는 사막이요, 역사는 장송곡을 항상 연주할 것입니다.

늙음이 비극이요, 폐품이 절망이요, 사막이 고독이라면 청춘은 생명신의 이름입니다. 청춘의 이름 위에는 인간을 의지하게 하는 신의 이름이 설 자리가 없습니다. 청춘이 모인 광장에는 신선한 피내음이 불어 옵니다.

청춘의 물결은 천 길 파도와도 같습니다. 청춘의 외침은 불가능을 몰아내는 웅변입니다. 청춘의 입김은 불목不睦을 녹이고 화해와 일치를 가능하게 하는 용광로입니다. 청춘이 하는 일은 이기적인 사람들에게는 어리석음이요, 현실을 우상화하는 사람에게는 바보요, 전통의 노예들에게는 파괴자입니다. 부정하는 사회에는 막대기요, 부패한 현실에는 청소부입니다. 청춘은 인생의 꽃이요, 보고寶庫라고 합니다. 사람은 누구나 청춘을 사랑하고 노래합니다. 우리는 청춘의 고동이 우리가 사는 삶의 자리에서 멈추지 않기를 귀 기울입니다.

우리는 청춘의 모습에 눈을 주고 청춘의 이름을 사랑하고, 청춘의 활동을 존귀하게 여기고, 청춘의 소리에 감격하는 진심이 아쉽습니다.

1973. 4. 17

미니사상 장발정신

방황하는 가슴에는 이성이 없고 판단은 찾을 수도 없습니다.
판단이 없는 사람은 개성이 없습니다.
개성이 확실하지 않은 사람에게는 줏대가 없습니다.
줏대가 없는 사람은 자기의 멋이 없고 문화가 없습니다.
자기의 것이 없는 사람은 독립이 없고 용단을 기대할 수 없습니다.

젊은이는 활동하는 세대요, 꿈과 낭만에 감정이 풍부한 시절입니다. 생기 발랄한 아가씨의 모습이나, 씩씩하고 구수한 청년의 태도는 모든 사람들에게 미련을 줄만 합니다.

얼마 전부터 사회에서는 젊은이들의 복장이나 용모에 대해서 시비를 하고 있습니다. 그러나 복장의 미니나 두발의 장발이 문화생활의 한 양상이거나 개성의 표현만이라면 그 시비는 편견에 지나지 않을 것입니다. 더구나 외모만 가지고 인격을 가늠한다든지, 주체성 여부를 속단한다든가, 퇴폐적이라고 심판하기에는 많은 문제가 있을 것입니다.

우리가 문제로 생각할 것은 외모가 주는 사상이나 정신에 대한 요구입니다. 그것을 우리는 '미니사상', '장발정신'이라고 이름할 수 있습니다. 젊음은 미니처럼 활동적이고 발랄하고 표현력이 강합니다. 그러나 활동은 목표가 불확실할 때 방종하기 쉽습니다. 행동의 내면에 질서를 세우지 못하면 목표가 분명하지 못합니다.

정열은 생활의 추진력이요, 일꾼입니다만 이성을 상실할 때 인간을 지배하는 잔인한 폭군이 됩니다. 고뇌와 함께 절제하지 않는 활동은 스스로 파멸하고 맙니다. 감정에 좌우되는 사람은 스스로의 주인이 될 수 없고, 찰나와 본능에게 지배당합니다. 절제 없는 발표는 교만하기 쉽습니다.

이웃을 생각하지 않은 표현은 조심성과 성실성이 없습니다. 지나친 활동의 표현과 감정의 노출은 육체의 우상에 굴복한 것입니다. 여기에 이르면 순결은 파괴되고 새로운 도덕을 기원하기는 요원합니다.

미니사상에는 항구한 인내력이 없습니다. 인내가 없는 생활은 방황과 망설임에서 보장 없는 고통과 퇴폐한 낙망을 가져옵니다. 방황하는 가슴에는 이성이 없고 판단은 찾을 수도 없습니다. 판단이 없는 사람은 개성이 없습니다. 개성이 확실하지 않은 사람에게는 줏대가 없습니다. 줏대가 없는 사람은 자기의 멋이 없고 문화가 없습니다. 자기의 것이 없는 사람은 독립이 없고 용단을 기대할 수 없습니다. 이것이 장발정신의 아쉬운 점입니다. 우리의 현실은 이론과 지식의 유희장遊戲場이 아닙니다.

    오늘의 조국은 건전한 인격에 힘을 기르는 젊은이들과 허영적인 영웅을 미워하는 지성인을 찾고 있습니다.

1973. 4. 18

4 · 19

4 · 19는 반신불수의 진리, 썩어진 정의, 학살된 자유,
간사한 양심이 제 모습을 찾게한 재생의 날입니다.
민심이 천심이라는 것을 다시 노래 부르게 한 날입니다.
민심이 뭉치고 사욕은 흩어지고 천의가 허락되어
천심이 승리한 날입니다.

새순 연연하게 피어오르던 꽃봉오리가 난폭한 황소의 발에 짓밟힌 것을 보면 소의 발자국이 밉습니다. 사람의 보신 때문에 도살당하며 가녀린 울음으로 생명을 버리는 어린 양의 울음은 꿈에 스미도록 애절합니다. 주인의 목숨을 구하려다 몸바쳐 죽은 충직한 개의 이야기는 듣는 이의 마음을 엄숙하게 합니다.

소경 아버지의 눈을 뜨게 하겠다고 피어오르는 소녀의 몸으로 인당수에 뛰어든 심청의 이야기는 지금도 가슴 뭉클한 애한을 남겨 줍니다. 정의를 위해 내 한 목숨을 초개같이 버린 분들의 넋을 대하면 무뢰배의 마음조차 경건할 수밖에 없습니다. 우리에게는 이러한 이름들을 종합한 위대한 이름이 있습니다. 이것이 바로 4·19입니다.

　　보는 것도 아깝고 부르기도 조심스러운 연하고 지순至純한 생명들이 난폭한 독재의 이빨 아래 스러져 간 날입니다. 흠 없는 양羊들이 흠 있는 역사를 위해서 속죄의 희생을 바친 날입니다. 조국의 참주인을 구하려고 나를 바친 충성의 이야기를 몸으로 보여준 날입니다.

　　병든 민족의 역사를 희생시키는 신령한 약을 남긴 날입니다. 눈 먼 양심을 뜨게 하려고 생명을 주고 진리와 정의를 사온 날입니다. 4·19의 넋들은 자유와 민주라는 나무가 피와 땀과 눈물을 먹고 자라는 나무임을 보여 주었습니다. 순수한 넋들이 순수한 조국을 위해서 순수하게 죽어 간 순수한 날입니다.

　　4·19의 젊음들은 조국이 종교였고 민주주의가 신앙이었고 현실은 제단이었습니다. 구원이 없는 종교와 맹목적인 신앙의 개혁가들이었습니다. 자유가 독재보다도, 정의가 폭

력보다도, 민권이 무력보다도 더 강하다는 것을 피로써 전교하였습니다.

4·19는 반신불수의 진리, 썩어진 정의, 학살된 자유, 간사한 양심이 제 모습을 찾게한 재생의 날입니다. 민심이 천심이라는 것을 다시 노래 부르게 한 날입니다. 민심이 뭉치고 사욕은 흩어지고 천의天意가 허락되어 천심이 승리한 날입니다. 풍성한 악이 죽음의 수확을 거둔 날입니다. 조국이 혼탁하고 민주가 식어갈 때 우리를 회심시키는 데 필요한 자극제 주사였습니다.

오늘이야말로 진정한 조국 찬가를 부르며 오늘을 빛내고 가신 님들의 영령 앞에 옷깃을 여미고 경건해야 할 날입니다. 4·19는 민족의 영원한 기념일입니다.

1973. 4. 19

얼룩송아지

우리는 자유분방한 관대함도 좋지만,
질서를 위한 완고함도 무시할 수 없습니다.
확고한 주관을 위해서 보수성도 중요하지만,
발전을 위한 적응에 민감함도 중요합니다.
이루어야 할 이상도 좋지만 내가 살고 있는
현실도 살필 줄 알아야 합니다.

어린이들이 즐겨 부르는 노래 가운데에 '송아지'라는 동요가 있습니다. "엄마 소도 얼룩소 엄마 닮았네" 하는 이 동요는 엄마소의 얼룩을 닮는 얼룩송아지의 모습에서 부모를 닮는 아기의 모습과 생활의 애정과 일체감을 잘 보여 주고 있습니다.

    이처럼 평화와 사랑과 아름다움만을 노래하던 어린이는 성장하면서 어지러운 세파에 물들고 깎여 거칠어지고 단단해집니다. 이것은 자기의식이 발견되고 사회적인 인격이 형성되어 인생의 가치를 묻는 청년기의 표현이기도 합니다. 항상 그래왔듯이 젊은 세대는 기성세대에 대해서 비판과 저항의식이 강합니다. 우리는 주변에서 젊은이들로부터 가끔 이런 말을 듣습니다. "기성세대는 고리타분하고 앞뒤가 꽉 막히고, 속이 좁고 형식이나 체면만 앞세우고, 그들의 말은 위선에 가득하다"는 겁니다.

그러나 한 가지 생각할 것은 지금 기성세대들도 과거에 그런 말을 했었다는 사실입니다. 또한 기성세대는 젊은이들에게 "우리도 젊었을 때에는 꿈도 많았고, 의협심이나 정의감도 있었고, 기성의 도덕관이나 가치관을 우습게 보았었다"며 그러나 나이를 먹으면 인생이 그것만은 아니더라는 것입니다. 이 말은 이론과 실제는 언제나 같지 않더라는 말이기도 합니다. 사실 인생은 이론과 실제의 '시소놀이'인지도 모릅니다.

우리는 자유분방한 관대함도 좋지만, 질서를 위한 완고함도 무시할 수 없습니다. 확고한 주관을 위해서 보수성도 중요하지만, 발전을 위한 적응에 민감함도 중요합니다. 이루어야 할 이상도 좋지만 내가 살고 있는 현실도 살필 줄 알아야 합니다. 형식도 필요하지만 표현할 수 없는 내용의 진심에 상처를 주어서는 안 될 겁니다. 책임과 생활로 교육하는 기성세대와 포기하지 않는 저항의 젊은 세대가 조화를 이루는 바람직한 사회가 되어야 합니다.

젊음의 이야기에 성급하게 심판하고 제지制止하는 것보다는 기다리고 호소하는 대화가 아쉽습니다. 개탄의 비난보다 실천의 용기가 중요합니다. 그러나 더욱 확실한 것은 인생과 역사가 늙지 않으려면 젊은이의 소리에 귀를 기울여야 하고 항상 싱싱한 이상을 가져야 합니다.

이것이 기성세대를 닮을 수 있는 얼룩송아지의 바람이요, 희망입니다.

1973. 4. 20

2부

생명은 부활이다

부활은 나쁜 씨앗을 좋은 씨앗으로 만드는 농부의 개량작업입니다.
악한 행실을 착하게 고치는 도덕의 개심입니다.
비뚤어진 양심, 부정한 사회, 부당한 제도를
바르고 정당하게 개조하는 생활의 혁명입니다.

세상의 모든 만물은 생사의 줄다리기를 하고 있습니다. 생명의 편에 쏠리면 태어나고 생기는 일이요, 죽음의 편에 쏠리면 죽고 없어지는 일입니다. 이 생과 멸滅은 곧 삶의 한 양식입니다. 그러나 생명은 사망과 멸망보다 강합니다.

꽃나무는 사멸死滅의 겨울 속에서 생동의 봄을 바라봅니다. 환자는 죽겠다는 각오보다 살겠다는 희망에 더 확신합니다. 잠은 육체의 활동을 쉬게 하지만 삶을 다시 새롭게 합니다. 이것이 생명의 믿음입니다. 없어져도 생기고 병들어도 치료되고 쓰러져도 일어나고 묻혀도 소생하고 죽어도 산다는 믿음입니다. 믿음은 생명의 것이요, 생명은 믿음의 승리입니다.

믿음은 생명이 갖는 희망의 기초요, 생명의 가장 순수한 표현입니다. 믿음이 없는 생명은 거짓입니다. 생명을 덧없는 자연적인 생물로만 여길 때에 믿음과 희망과 승리는 있을 수 없습니다. 그러나 믿음은 보이지 않는 것에 대한 사랑이요, 불가능한 것에 갖는 신뢰입니다. 생명의 능력을 인정하고 생명의 내부에 간직한 신비로운 소리를 들을 줄 알고 생명을 갱신하는 신비력에 신념을 갖는 것입니다. 그래서 우리는 모든 생명의 중심을 부활이라고 할 수 있습니다.

그러나 부활은 운명의 물레방아가 아닙니다. 어제의 것을 오늘에 새롭게 하고 오늘의 것을 내일에 더욱 새롭게 하는 생성이요, 약동입니다. 부활은 나쁜 씨앗을 좋은 씨앗으로 만드는 농부의 개량작업입니다. 악한 행실을 착하게 고치는 도덕의 개심입니다. 비뚤어진 양심, 부정한 사회, 부당한 제도를 바르고 정당하게 개조하는 생활의 혁명입니다. 부활은 창조요, 진화입니다. 어두움의 역사를 삼켜 빛의 역사를 토하고, 절망의 생활을 체험하여 희망의 생활을 낳고, 죽음을 소화해서 삶을 강화하는 창조입니다.

　진화는 생명에 새로운 힘과 품위를 주고, 불완전에서 완전으로 걸어가는 역사의 발걸음입니다. 세계에 창조가 없다면 역사는 화석이 되고, 사회에 진화가 없다면 부패와 퇴폐의 악취가 풍깁니다. 그러나 부활은 자연과 인간의 노력이 스스로 가져오는 것이 아닙니다. 자연은 질서에 충실하고 인간은 진리와 정의에 힘을 다할 때 역사의 질서와 진리와 정의가 승리하는 것입니다.

　우리는 조용한 아침의 부활을 기다려야 하겠습니다.

1973. 4. 23. 부활절에

생명의 향연

우리가 마련하는 밥상은 인생의 밥상이요, 진실의 밥상이요,
사랑의 밥상입니다.
밥상은 다양한 인생을 보여 주고, 진실의 영양을 섭취하고,
사랑을 나누는 생명의 향연입니다.
신분이나 계급도, 지식이나 재산도 모두를 평등하게 만드는
평등의 법정입니다.

우리의 슬픔과 서러움 중에서 가장 큰 것은 가난과 배고픔일 것입니다. 사람은 '살기 위해서 먹는다'고 하지만 가난과 굶주림 속에서 생의 위협을 받는 사람들에게는 '먹기 위해서 산다'는 표현이 더 적절할 것입니다.

밥은 굶주린 사람에게는 구세주요, 돈은 가난한 사람들

에게는 신의 권능입니다. 밥은 우리에게 눈물과 슬픔을 가져다 주기도 하지만 한편으로는 인생을 진실되게 해줍니다.

시인 괴테는 "눈물과 함께 빵을 먹어 보지 않고서는 인생의 참맛을 알지 못한다"고 하였습니다. 이것은 자신을 위하여 울어 보지 못한 사람은 인생을 말할 자격이 없다는 말일 것입니다. 밥은 우주의 선물이요, 생활의 평화요, 희생의 감사입니다.

그러나 먹기 위해 살고 일하는 사람들에게는 고통과 파괴와 저주의 대상입니다. 밥은 인생의 하루하루를 이어가는 목숨줄입니다. 이것을 위해 우리는 얼마나 많은 땀의 수고와 얼마나 깊은 아픔과 외로움의 신음으로 눈물을 흘리고 있습니까. 밥은 생사를 건 전투에서 생명과 맞바꾼 피의 열매입니다. 우리는 쌀알 하나를 거두기 위해서 숱한 땀을 흘렸습니다. 인간의 품위를 감싼 영혼을 가두어 놓고, 양심의 정조를 잃은 창부의 웃음도 지어 보였습니다. 인간의 생명인 인격도 헐값에 팔고 있습니다. 자유인이 가져야 할 휴식과 취미와 소질이나 감정도 잊어버린 지 오래입니다.

한 그릇의 밥은 땀에 엉켜진 결실에 눈물의 물을 붓고 피의 열기로 덥혀 익힌 한 그릇의 인생입니다. 우리가 마련하는 밥상은 인생의 밥상이요, 진실의 밥상이요, 사랑의 밥상입니다. 밥상은 다양한 인생을 보여 주고, 진실의 영양을 섭취하고, 사랑을 나누는 생명의 향연입니다. 신분이나 계급도, 지식이나 재산도 모두를 평등하게 만드는 평등의 법정입니다.

우리가 한 알의 밥알을 소홀히 한다면 수고한 땀을 버리는 것입니다. 한 그릇의 밥에 감사할 줄 모른다면 인간의 상처를 후비는 일이 됩니다. 밥상 앞의 투정은 밥상을 마련한 사람의 정성을 짓밟는 것입니다. 밥상이 생명의 향연임을 안다면 인생에 욕됨이 없도록 성실의 상을 차려야 합니다.

우리의 밥상은 생명을 알고 생명을 맛보고 생명을 거룩하게 하는 밥상이 되어야겠습니다.

1973. 4. 24

교양은 수면제인가

우리의 식사가 육신생활의 양식이라면
교양은 정신생활의 양식입니다.
지식은 정신적인 음식이요, 감정은 그 반찬이요,
의식은 그 맛입니다.
우리가 그 어느 하나에 치우칠 적에 우리의 정신은
편견의 영양실조에 걸리게 됩니다.

얼마 전 어느 일간신문에 재미있는 만화가 실려 있었습니다. 어떤 사람이 잠자리에 누었는데 좀처럼 잠이 오지 않았습니다. 그래서 그 사람은 이리 뒤척 저리 뒤척하다가 묘안을 생각해 냈습니다. 교양방송을 듣는 것입니다. 그런데 그것은 교양방송을 듣고 무엇인가 얻으려는 의도가 아니라 잠을 청하기 위한 수면제의 대용품이었습니다. 마침내 그 교양방송은 약효를 용케 잘 내어서 그 사람을 꿈나라로 편히 모셔 간다는 내용이었습니다.

전국의 모든 '라디오'와 '텔레비전'은 4월부터 정부의 시책에 따라서 교양시간에 많은 비중을 두고 있습니다. 정부가 교양을 강조하는 것은, 교양을 통해서 국민이 인간답게 되어 인간다운 진실한 생활을 하게 하려는 수단일 것입니다. 교양은 사람이 인격적인 생활을 고상하고 풍부하게 하기 위한 지식과 감정과 의식을 고르게 발달시키는 수양입니다. 인간에게 지식과 감정과 의식은 생활의 형식입니다.

우리의 식사가 육신생활의 양식이라면 교양은 정신생활의 양식입니다. 지식은 정신적인 음식이요, 감정은 그 반찬이요, 의식은 그 맛입니다. 우리가 그 어느 하나에 치우칠 적에 우리의 정신은 편견의 영양실조에 걸리게 됩니다. 교양이 정신문화의 능력을 기르는 것이라면 교양은 또한 정신의 영양을 고르게 섭취하는 훈련입니다. 인간은 문제를 가진 존재입니다. 따라서 우리의 생활이 건강하고 풍부하려면 문제를 인식하고 식별하고 이해하고 파악할 능력이 있어야 합니다.

그러나 인간의 생활이 현실만의 것도 아니요, 개인의 것만도 아니기 때문에 역사를 통찰하고 세계를 바라볼 줄 아는 눈이 있어야 합니다. 이것이 없을 때 인간은 원효대사의 말대로 '갈대 구멍으로 하늘을 보고' 그것이 인생과 우주의 전부인 양 착각하게 됩니다. 여기서 사람은 편협한 인생관과 사회관을 갖게 되고 다른 사람과 의사가 소통되지 않는 냉가슴을 앓게 됩니다.

오늘날 많은 사람들은 시간의 여유도 없이 생활에 급급하다 보면 생활의 구체적인 목적이나 준비의 노력도 못한 채 순간의 만족에 살고 있습니다. 교양의 정도도 자기가 사는 사회에 국한되어 있습니다.

교양이 국가를 부강하게 만들지는 못한다고 하지만, 교양이 빈약한 나라는 후진성을 면하지 못합니다. 이것이 국가가 아쉬워하는 교양일 것입니다.

1973. 4. 26

너를 닦아라

우리는 양심의 옷을 입고, 정결의 허리띠를 두르고,
성실의 신을 신고, 위선과 부정과 비굴의 거친 길을 닦아야 합니다.
이것이 천하의 무엇보다 귀하다는 인격을 윤택하게 보전하는
마음의 할 일입니다.

천 년의 역사를 묵묵히 지켜보며 우람하게 하늘을 이고 서 있는 노송老松에 등을 기대면 우리의 마음은 군자의 등에 기댄 듯 듬직하고 편안한 느낌을 갖습니다. 다소곳이 정좌하며 심신을 단련하는 수도자의 모습은 잃어버린 인간의 모습을 되찾게 합니다.

사람은 재물을 키우고 일을 키우고 남을 키울 줄은 알아도 자신을 키우는 것은 모르는 재주 많은 바보인지 모릅니다.

어쩌다 자신을 찾아보려고 몸을 가누고 앉아 있어도 오관五官과 마음은 제각기 다른 길로 가고 산란한 가슴은 아까운 시간만을 허비합니다. 이래서 사람은 자기 하나 다스리지 못하는 무능한 영장靈長이 됩니다.

오늘날과 같이 자기 생일조차 기억하기 힘들게 바삐 사는 사람들에게는 수양修養이라는 말처럼 부러운 말도 없는 듯합니다. 그 수양은 닦아야 할 것을 아는 지식과 어떻게 닦아야 할지 실천하는 자제自制의 수양입니다.

인간의 모습은 두 개의 얼굴을 갖고 있습니다. 하나는 수양을 긍정하는 얼굴이요, 또 하나는 수양을 반대하는 얼굴입니다. 수양을 긍정하는 얼굴이 마음이라면 수양을 반대하는 얼굴은 신체의 감각기관입니다. 그러나 우리는 수양을 긍정하는 얼굴도 부정하는 얼굴도 다 닦아야 하겠습니다. 악에 물든 마음을 씻고 비뚤어진 양심을 교정하고 부패한 정신을 정비해야 합니다.

우리의 사회는 이기적인 탐욕의 독가스에 만성 중독이 되었습니다. 우리는 양심의 안방을 환기시키고 생활의 울안을 개조해야 합니다. 우리는 바른 인생, 바른 길, 바른 사람들을 사랑해야 합니다. 바르게 보고, 바르게 말하고, 바르게 생각하고, 바르게 일하고, 바르게 힘쓰고, 바르게 기억하고, 바르게 마음을 잡는 바른 생명의 노래를 불러야 합니다. 이것이 바르게 태어나서 바르게 살다가 바르게 죽도록 수양하는 일입니다.

우리는 양심의 옷을 입고, 정결의 허리띠를 두르고, 성실의 신을 신고, 위선과 부정과 비굴의 거친 길을 닦아야 합니다. 이것이 천하의 무엇보다 귀하다는 인격을 윤택하게 보전하는 마음의 할 일입니다.

우리는 마땅히 행할 일을 힘써 행하고 마땅히 버릴 일을 힘써 버려서 스스로 깨달아 몸을 닦으면 바른 지혜가 날로 자란다는 법구경法句經의 한 구절을 외워야겠습니다.

1973. 4. 27

충성

조국은 우리에게 항상 충성을 요구합니다.
충성이 자기의 있는 힘을 다 바쳐서 진실하는 것이라면
지성과 성심과 성의를 말합니다.
충성은 진실을 숭상하고 말보다 실행을 앞세우고
겉보다 내용을 존중합니다.

'나라가 없고서 어찌 한 집과 한 몸에 있을 수 있으며 민족이 천대를 받을 때 나 혼자만 영광을 누릴 수 있겠느냐.'

이 말은 도산 안창호 선생의 말씀입니다. 새도 제 둥지가 있고 여우도 제 굴이 있듯이 사람에게는 자기 민족, 자기 조국이 있습니다. 이역만리에서 조국의 국가와 국기는 민족의 지탄을 받을 사람이라 해도 부르기에 앞서 목이 메어 오고, 보기에 앞서 눈시울이 뜨거워질 것입니다. 이것이 뼈와 핏줄, 자기가 설 땅을 가진 사람들의 영원한 가슴입니다.

자기 조국을 사랑하는 마음은 인간의 본능이요 자연스럽고 마땅한 것입니다. 사람들은 비록 자기의 조국이 비참하고 보잘것없다 해도 나름대로 숭배와 사랑과 칭송을 아끼려 하지 않습니다. 조국은 사람들에게 애국하는 감정과 충성하는 마음을 일으키게 하는데 가장 자연스런 자극제입니다. 그러나 조국을 숭배하기는 쉽지만 장점을 발굴하고 애국을 실천하기에는 소홀하기 쉽습니다. 조국의 이름을 부르기는 쉽지만 충성이라는 형식을 몸으로 실천하기는 더욱 어렵습니다.

조국은 그 백성에게 신앙이요, 행동의 윤리요, 지향하는 목적이 됩니다. 그러나 그 백성이 자각하면서 책임을 가지고 성실하지 못할 때 살아남을 수 없고 완성될 수 없습니다. 조국은 우리에게 항상 충성을 요구합니다. 충성이 자기의 있는 힘을 다 바친 진실한 것이라면 지성至誠과 성심誠心과 성의誠意를 말합니다. 충성은 진실을 숭상하고 말보다 실행을 앞세우고 겉보다 내용을 존중합니다.

우리는 우리의 조상 중에서 충무공 이순신 장군의 충성을 찬양하고 본받으려 하고 강조합니다. 그분은 강직하고 공명정대한 양심의 소유자였습니다. 진리를 아전인수격으로 해

석할 줄 모르는 분이었습니다. 부당하고 불의한 일에는 타협을 모르고 자기의 영달을 위해서 아부하지 않은 분입니다. 공사公私를 구분하는 판단이 흐리지 않으셨고, 자기가 할 일을 정확히 아는 분명한 분이셨습니다. 그분은 효성에 지극하고 우애에 뜨거웠고 보살필 사람들에게는 자비가 넘치는 분이었습니다.

이것이 그분의 충성이요, 우리가 거짓 없이 물려받을 정신입니다. 이 정신을 이어받고 따르려는 데 그 기념식의 의의가 있을 것입니다.

1973. 4. 28

희망은 찾는 사람의 것

희망은 오늘에 만족하지 않고 내일을 향해서
꾸준히 걷는 사람들의 것입니다.
희망은 괴로움 속에 묻혀진 기쁨을 찾고,
슬픔 속에 잠겨진 웃음을 건지고,
어둠 속에 깔려진 빛을 보게 하는 인생의 교훈입니다.

인간의 운명은 행복만으로나 불행만으로 시종始終할 수 없습니다. 인간에게 노력과 투쟁이 필요하다면 괴로움은 떠나지 않습니다. 그러나 인생의 행복은 고통의 산등을 넘어 기다리고 있기에 사람은 희망을 가지고 삽니다. 인내와 희망은 사람들에게 산을 움직일 수 있는 가능을 줍니다.

인생이 소유한 것 중에서 가장 값있는 것은 바로 인내와 희망입니다. 인내가 사람의 동물적인 본성을 극복하는 위력이라면 희망은 사람을 신의 자리에까지 갈 수 있게 하는 생명입니다. 고통은 고통을 당하는 사람들의 것입니다만 희망은 모든 사람의 것입니다. 사람은 고통을 싫어하면서도 어찌 보면 고통을 만들고 있는지 모릅니다.

인생에 있어서 고통과 괴로움이 강물이라면 희망은 바다입니다. 모든 고통은 희망을 찾아서 흘러가고 희망의 바다에서 모이게 됩니다. 희망의 바다를 인정하는 사람은 고통의 물줄기를 인정하고 괴로운 절망에 죽지 않습니다. 고통보다 희망이 넓고 깊다는 것을 상식으로 알기 때문입니다.

희망은 원래 지상에 있던 것은 아닙니다. 지상의 길은 인간이 걷기 위해서 만들어졌듯이 희망은 살기 위해서 찾고 개척하는 사람들의 것입니다. 보이지 않는 것을 보이게 하고 가질 수 없는 것을 갖게 하는 바람입니다. 꿈을 현실되게 하고 현실을 새롭게 태어나게 하는 산모입니다. 희망은 보이지 않는 광맥을 찾아서 발굴작업에 땀 흘리는 광부들의 황금입니다. 희망은 자기의 현실을 비관하거나 낙관하지도 않습니다. 희망은 남을 원망하거나 의지하지도 않습니다. 희망은 평범한 상식의 것이요, 나의 것이기 때문입니다. 인생은 허무도 운명도 아니라는 사실이요, 나의 인생은 누가 대신 살아줄 수도 없다는 사실입니다.

희망은 오늘에 만족하지 않고 내일을 향해서 꾸준히 걷는 사람들의 것입니다. 희망은 괴로움 속에 묻혀진 기쁨을 찾고, 슬픔 속에 잠겨진 웃음을 건지고, 어둠 속에 깔려진 빛을 보게 하는 인생의 교훈입니다.

오늘 우리의 현실은 희망을 발굴하는 작업이 가장 시급합니다. 이것이 내일도 모레도 우리가 해야 할 일입니다.

1973. 4. 29

적반하장 賊反荷杖

진리와 양심은 인간의 생명에 깊숙이 묻혀 있는
생명의 알맹이입니다.
진리와 양심에 상처를 주는 것은 곧 인간의 생명을 해치는 것이요,
가장 잔인한 일입니다.

신이 인간에게 준 선물 중에서 가장 가치 있는 것은 자유입니다. 신은 인간에게 자기 모습을 주었고, 인간에게 준 신의 모습은 인간도 신과 같이 생각하고 말하고 판단할 수 있다는 것입니다. 신이 준 모습을 인격이라고 한다면 그 능력은 자유입니다.

사람의 인격을 하늘에서 받았듯이 자유도 하늘에서 받았습니다. 자유는 사람에게 숨쉬는 것과 같습니다. 숨은 목줄에

억압이나 구속이 있으면 쉴 수 없지만 그렇다고 제멋대로 쉴 수도 없는 것이 숨이기도 합니다.

자유는 구속과 제한이 없는 상태이기 때문에 언제나 사람을 방종하고 혼동하게 하고 남용의 유혹이 뻗치게 됩니다. 이 자유의 방종과 남용이 태초의 인류에게 불행의 유산을 남겨 놓았습니다. 세상의 모든 것은 제각기 가야 할 길이 있습니다.

천지자연에는 천리天理가 있고, 사람에게는 윤리倫理가 있고, 만물에는 물리物理가 있고, 바다에는 수리水理가 있고, 땅에는 지리地理가 있습니다. 사람의 생활이나 일에는 조리條理가 있고, 생각과 판단과 내용에는 논리論理가 있습니다. 이것이 진리입니다.

진리가 참된 도리요, 마땅히 그러해야 하는 것이라면 그것을 우리는 법이라고 말합니다. 우주에 진리와 법이 제 갈 길을 잃으면 우주는 혼란과 파괴뿐입니다.

맹자는 적인자賊仁者를 위지적謂之賊이라고 하였습니다. 이 말은 사람으로서 도리와 진리, 양심을 해치는 자를 도둑이라고 부른다는 말입니다. 진리와 양심은 인간의 생명에 깊숙이 묻혀 있는 생명의 알맹이입니다. 진리와 양심에 상처를 주는 것은 곧 인간의 생명을 해치는 것이요, 가장 잔인한 일입니다.

도둑은 상대방 집의 사정을 알지 못하면 도둑질을 할 수 없다고 생각합니다. 도둑은 양심의 사람이 아니라 사심의 사람입니다. 그 사람의 지식은 사심을 위한 지식이요, 자기에게 편리하고 유리한 해석에 사로잡힌 사람입니다.

도둑은 진리의 뿌리와 양심의 알맹이에 은신처를 찾는 잔꾀도 부립니다. 그래서 사람들은 더러 속아 주기도 합니다. 한편 도둑은 고약한 버릇이 있습니다. 속담에 적반하장이라는 말이 있듯, 자기의 잘못을 뉘우치고 사과해야 할 사람이 오히려 기세를 올리고 잘한 사람을 나무랄려고 합니다. 만약 우리 사회의 양심과 지식 안에 이런 현상이 고개를 든다면 이건 큰일입니다.

내가 나에게 내 양심을 속이지 않고 바른 양심의 소리를 들으면서 남의 지성을 믿어 주는 사회가 진정 바람직한 사회일 것입니다.

1973. 4. 30

5월에

5월의 사회는 태양의 축복을 받아야 합니다.
밝고 명랑한 얼굴, 기쁨과 환희를 아는 마음의 걸음, 겸손한 마음들이
사랑을 참지 못해 정이 넘치는 주변이어야 하겠습니다.
인정이 흐르는 거리, 서로를 위하는 일터, 밝은 소식이 계속되는
전파와 신문, 이것이 5월의 염원입니다.

5월은 심고 가꾸는 우리의 삶에 희망을 손에 쥐고 달리게 하는 계절입니다. 줄기를 뻗어 생명을 올리는 나무들은 제 빛깔을 찾게 되고, 창공을 나는 새들은 목소리를 가다듬고, 연약한 몸을 움추렸던 벌레들은 새로운 한 생명으로 탈바꿈합니다.

일터와 거리에는 젊음이 흐르며, 가정에는 사랑이 꽃을 피우고, 산과 들에는 노래가 무성한 계절입니다. 이 젊음, 이

사랑, 이 노래는 화려한 감상의 사치가 아닙니다. 생명이 얼마나 줄기찬 것인지를 아는 모든 생물들에게 싱싱한 미더움을 느끼게 하는 성숙한 희망의 계절입니다.

나무는 잎이 무성해지기에 뿌리의 작업도 분주해집니다. 정원사는 나무의 모양을 어떻게 잡아 줘야 할지 지혜의 일손에 여념이 없습니다. 5월의 꿈은 노루의 꿈이 아니라 현실의 꿈입니다. 연약한 꿈이 아니라 미더운 꿈입니다. 내일을 위해서 버려야 할 것은 버리고, 떠나야 할 것은 떠나고, 주어야 할 것은 주는, 희생과 사랑의 거래가 오가는 계절입니다. 성장을 위한 고단한 일손도, 포기와 희생의 아쉬움도, 나른한 계절의 속병도, 건강한 희열을 잃지 않는 때입니다.

5월은 건장한 청년의 모습만도 아닙니다. 5월은 개선한 장군의 위용도 없습니다. 5월은 원숙한 군자의 엄숙함도 없습니다. 단순하고 맑고 활기에 찬 5월입니다. 티 없이 맑게 구슬을 굴리는 어린이의 웃음이 있고, 연약한 듯하나 인자하고 따스한 어머니의 사랑이 있고, 밉지 않게 화려한 청춘의 자태가 있는 5월입니다.

5월은 희생과 사랑이 왈칵 쏟아지는 뜨거운 계절입니다. 허물도 감추어 주고, 무질서 속에서도 인류가 있고, 절망과 권태도 시원하게 그늘 지어 주고, 부족하고 아쉬워도 평화를 주는 가정의 맛이 있습니다. 5월의 사회는 태양의 축복을 받아야 합니다. 밝고 명랑한 얼굴, 기쁨과 환희를 아는 마음의 걸음, 겸손한 마음들이 사랑을 참지 못해 정이 넘치는 주변이어야 하겠습니다. 인정이 흐르는 거리, 서로를 위하는 일터, 밝은 소식이 계속되는 전파와 신문, 이것이 5월의 염원입니다.

    우리는 5월의 사람, 5월의 가정, 5월의 생활에 정신을 닦아야 하겠습니다.

1973. 5. 1

혼인

남편은 아내를 위해서, 아내는 남편을 위해서 서로 자기의 개성,
취미, 감정, 소질까지도 양보하는 희생의 밑거름이 있어야 하겠고,
결코 인격 없는 강제로 사랑을 파괴하는 일은 없어야 합니다.
이것이 서로를 위해서 살아 주는 생활이요,
서로의 인격을 존중하는 성실한 조심성일 겁니다.

봄볕 따스한 5월은 결혼의 계절이기도 합니다. 어떤 시인이 말하기를 '봄은 사람을 사랑에 눈 뜨게 하고 사랑을 참다 못해 님께 하소연하는 계절'이라고 합니다. 봄이 주는 정취도 그러려니와 알맞은 날씨, 아름다운 계절에 인생의 가장 중대하고 아름다운 일을 갖는 것은 더욱 의미 있는 일입니다.

사람이 장성하면 특수한 예외가 아니고서는 부모의 품을

떠나 한 남자와 한 여자가 결합하기 마련입니다. 개성이 다르고 환경이 다른 두 남녀가 같은 운명과 삶을 이루기 위해서 결합하는 혼인식의 순간은, 가정이라는 작은 세계를 창조하는 엄숙하고 아름다운 인생의 큰 봉우리입니다. 이 인생의 출발은 두 개의 반신半身으로 하나의 완전한 몸을 이루어 다른 한편의 인생은 곧 내 인생이 됩니다. 그래서 부부는 한 몸이요, 한 손 속의 두 손가락과 같습니다. 그러기에 부부의 이별은 자기의 운명과 인생을 거스르는 것이 됩니다. 이 새로운 인생의 공동 작업에는 어느 한 편의 높고 낮음이나 무겁고 가벼움도 없습니다.

　결혼은 미지의 세계에 자기의 인격과 사랑과 희생을 투자하는 투기요, 모험입니다. 그래서 러시아의 속담에는 "싸움터에 나갈 때는 한 번 기도하라, 바다에 나갈 때는 두 번 기도하라, 그리고 결혼하는 마당에서는 세 번 기도하라"고 하였습니다. 부부의 공동 행복과 운명은 혼인 제도가 보장해 주거나, 혼인 때의 결심이나 주변의 축복이 지속해 주는 것은 아닙니다. 누에가 토하는 가느다란 실처럼 섬세하고 연연한 이해와 존경과 사랑과 믿음의 실을 두 사람이 계속 뽑아 내어, 상서祥瑞롭고 따스한 사랑과 행복의 고치를 지어야 합니다. 이 마음은 정월 초하룻날 아침 같은 염원과 제사를 바치는 정성으로 계속되어야 합니다.

　남편은 아내를 위해서, 아내는 남편을 위해서 서로 자기의 개성, 취미, 감정, 소질까지도 양보하는 희생의 밑거름이 있어야 하겠고, 결코 인격 없는 강제로 사랑을 파괴하는 일은 없어야 합니다. 이것이 서로를 위해서 살아 주는 생활이요, 서로의 인격을 존중하는 성실한 조심성일 겁니다. 여기에서 자신을 포기하는 갈등은 다시 사랑으로 승화됩니다. 이러한 기대와 염원은 높은 이상이나 불가능한 상상이 아닙니다. 세상의 모든 건실하고 행복한 가정의 살아 있는 증언입니다.

　이 염원이 혼인식을 축하하는 모든 이의 마음입니다.

1973. 5. 2

가정

인정과 자비와 사랑과 이해와 용서로 형식 이상의 형식과,
법 이상의 법과, 질서 이상의 질서를 배우고 가르치는
최고의 교육기관입니다.
가정은 나의 가치를 인정받고,
사랑과 위로를 누리는 안식처입니다.

인간 생활의 필수 조건이 되는 이름 중에서 가정이라는 이름처럼 사람을 평화스럽고 온화하게 하는 이름도 없을 것입니다. 새둥지처럼 포근한 집과 비둘기같이 다정한 사람들이 모여 사는 가정은 모든 이에게 동경의 대상이 됩니다.

가정을 멀리 떠나 객지에 있는 사람이 오손도손 화목한 다른 사람들의 가정을 볼 때나, 다정한 가족들이 모여 '즐거

운 나의 집'을 부르는 정경을 보면 가슴 가득 가정에 대한 그리움이 고이고, 코끝이 시큰한 느낌을 받습니다. 이것은 가정이 단순히 육신을 비바람과 추위에서 보호하는 대피소이거나, 먹고 자고 자녀를 낳는 물리적인 장소 이상의 것이라는 증명입니다. 바로 인간의 가장 순수한 애정과 이해타산을 모르는 웃음과 눈물, 기쁨과 슬픔 등의 따뜻한 인간적 요소가 가정에 있다는 것을 알기 때문일 겁니다.

가정은 사회의 중심이요, 국가의 기초요, 작은 낙원입니다. 개인의 사생활이 가장 깊은 인격이요, 기본 권리라면 그것은 가정에서만 진정으로 보장될 수 있습니다. 그러기에 세계의 많은 나라들이 사생활의 권리를 인정하고, 가정에서 사생활이 안전하게 유지되도록 법으로 보호하고 있습니다. '만일 우리 사회제도에 가정이라는 울타리가 없다면, 인간은 모두가 다 남의 인생을 살다가 죽고 말 겁니다. 체면이니 도덕이니 교양이니 하는 따위에 속박을 받아 단 하루도 인간다운 삶을 영위할 수 없을 것이다'라고 어느 문인은 말했습니다.

가정은 세상의 모든 것을 초월하면서 인간 본래의 것을 간직하고 나누고 교육하는 인류 최초의 학교입니다. 인정과 자비와 사랑과 이해와 용서로 형식 이상의 형식과, 법 이상의 법과, 질서 이상의 질서를 배우고 가르치는 최고의 교육기관입니다. 가정은 나의 가치를 인정받고, 사랑과 위로를 누리는 안식처입니다. 이러한 가정의 확대 발전이 사회요, 국가이기 때문에 동서고금의 많은 사람들이 국가를 다스림에 앞서, 가정을 다스리는 것이 더 어렵고 선결문제라고 합니다. 그러나 오늘날 사회가 복잡해짐에 따라 마음의 안식처인 가정의 기능은 상실되어 가고 있습니다. 안온하고 다정한 가정의 뜻은 옛이야기가 되고, 과거의 가치관과 도덕관이 무너지면서 가정의 대화는 두절되고 부모와 자식은 서로 답답한 관계에 있습니다.

이러한 시대일수록 가정의 의미와 가치는 새로운 옷을 입고 강조되어야 하겠습니다. 이것이 잃어 가는 인간성을 회복하는 지름길입니다.

1973. 5. 3

어린이날

어린이는 생명의 마술사요, 시인의 영감이요, 화가의 화폭입니다.
어린이가 어떤 것을 꿈꾸는가에 따라,
그 인생은 어떤 결실을 거둘 것인가 결정됩니다.
어린이가 어떤 노래를 부르느냐에 따라
어떤 시가 나올지가 결정됩니다.

어린이는 천사인가 봅니다. 천사의 그림은 모두가 어린이의 얼굴을 하고 있습니다. 어린이의 맑은 눈과 천진난만한 얼굴을 보면, 평화와 진실과 깨끗함과 아름다움과 귀여움이 다 들어 있습니다.

어린이는 때 묻지 않은 사람의 표본입니다. 자기를 감추려는 위선과 만용도 없고 거짓을 진실인 것처럼 조작하려 하지도 않습니다.

　어린이는 정직한 복사기입니다. 자기가 보고 느낀 것, 보고 배운 것을 그대로 표현하는 정직한 기계입니다. 어린이는 순진한 왕자입니다. 자기를 위한 야심도 없고 위신이나 명예를 찾지도 않습니다. 어린이는 겸손한 이의 씨앗입니다. 스스로 자만하지도 않고 자신의 능력을 과장하거나 약점을 감추려 하지도 않습니다. 어린이는 부족한 사람입니다. 육체나 정신도, 지식이나 지혜도, 힘이나 능력도, 모든 것이 모자랍니다. 그래서 모든 것을 다 받아들이는 수용력이 크기도 합니다.

　어린이는 모든 것이 될 가능성입니다. 세상을 구할 자도, 망하게 할 자도 될 수 있는 온갖 가능성의 이름입니다. 모든 부류의, 모든 계층의, 모든 신분의 사람이 될 수 있습니다. 이것이 사람들로 하여금 자라나는 생명에 경외심을 갖게 하는 이유이기도 합니다.

　어린이의 국적은 천국이요, 어린이의 마음은 어른들의 고향이며 추억입니다. 모든 사람이 가고 싶어하고 모든 사람이 간직하고픈 그리움의 대상입니다. 그 사회가 어린이를 잃을 때 세상은 험한 지옥이 되고, 인간이 안기고픈 마음의 고향을 잃은 부랑자들이 됩니다. 어린이의 이름은 지나가는 연륜의 정거장이 아닙니다. 그 연륜은 인생의 완성을 향해 연장하고, 키워야 할 생명의 채찍입니다.

    어린이는 생명의 마술사요, 시인의 영감이요, 화가의 화폭입니다. 어린이가 어떤 것을 꿈꾸는가에 따라, 그 인생은 어떤 결실을 거둘 것인가 결정됩니다. 어린이가 어떤 노래를 부르느냐에 따라 어떤 시가 나올지가 결정됩니다. 어린이가 어떤 것을 상상하느냐에 따라 그 시대의 화폭에 어떤 그림이 어떤 색깔로 그려지는가 결정됩니다. 이 나라와 이 겨레가 앞날을 진정으로 생각한다면 단 한시도 어린이를 소홀히 할 수 없습니다.

    일 년에 하루 어린이날에만 어린이를 돌아보는 사회는 묘판에 씨만 뿌려 놓고 돌보지 않는 농부의 농사처럼 뻔한 사회가 될 것입니다.

1973. 어린이날에

어린이 회복

어린이에게도 그들의 사회가 있고 존귀한 인격과 개성이 있습니다.
기성세대가 어린이들에게 자기들의 한과 욕망의 기대를 강요할 때
그 미래는 어린이들이 이룰 역사가 아니라
어른들의 비석을 세우는 일이 될 것입니다.

 어린이는 사랑을 아는 어른들의 사회가 남긴 사랑의 결정입니다. 사랑은 생명을 남기고, 남긴 생명에 더 높은 가치의 생명을 주려고 노력합니다. 이것이 사랑을 아는 사람들의 공통된 마음입니다.

 어린이는 스스로 태어나고 자라는 야생초가 아닙니다. 사람은 배우면서 자라고 경험하면서 완성되고 있습니다. 사람은 그 성장 기간이 가장 긴 동물입니다. 사람이 배우고 경험

하는 것은 교과서의 지식이 아니라 생활의 행동을 위한 지혜를 말하는 것입니다.

사람은 스스로 환경의 공기를 마시고 자기가 서 있는 풍토의 자양을 흡수하면서 인정의 기후 속에 자라고 있습니다. 그러나 어린이는 스스로 환경의 공기를 마시기에는 폐활량이 모자라고, 자양을 흡수하기에는 그 뿌리가 연하고, 인정의 열기를 견디기에는 그 피부가 약합니다. 그래서 어른들의 사회가 보호하지 않으면 깃 없는 새처럼 그 몸을 보존하기 어렵습니다. 그렇다고 어린이는 어른들의 한을 풀어 주는 속풀이도 아니요, 어른들이 자기 욕망의 초상화를 그리는 도화지도 아니요, 애정의 장난감은 더구나 아닙니다.

어린이에게도 그들의 사회가 있고 존귀한 인격과 개성이 있습니다. 기성세대가 어린이들에게 자기들의 한과 욕망의 기대를 강요할 때 그 미래는 어린이들이 이룰 역사가 아니라 어른들의 비석을 세우는 일이 될 것입니다. 자녀에 대한 사랑도 올바르지 못하면 오히려 미움의 결과가 되고, 애정에 절제와 안정이 없으면 정서는 기대할 수 없습니다.

우리가 어린이들에게 가르치고 보호하고 기대해야 할 것은 입신양명도, 도덕군자도, 백과사전 같은 지식도, 물질의 위력도 아닐 것입니다. 사람답게 사는 생활, 사람답게 되는 정신을 가꾸어 주고, 보충해 주고, 도와주는 일이 기성세대의 할 일입니다. 그것이 진실에 충실하고, 선에 정의롭고, 아름다움을 그리워하고, 거룩한 것에 성실하는 인생의 율법일 것입니다. 그러나 한국의 어린이는 동요가 없는 기성 가수요, 순진하고 명랑하기보다는 애늙은이요, 평화스런 소꿉놀이보다는 전쟁놀이에 능숙하고, 자비와 사랑을 맛보기 전에 생존경쟁의 치열한 전장에 내세워져 있습니다. 어린이는 자기의 인생을 그리지 않고 어른들의 인생을 그리고 있습니다.

    진정 우리 사회는 어린이라는 이름을 회복시켜 주어야 하겠습니다.

1973. 5. 7

어버이날

부모는 나에게 생활을 주었습니다. 땀과 눈물, 기쁨과 슬픔,
개성과 취미, 소질과 직업도 어느 것 하나
나를 위해 바치지 않은 것이 없습니다.
부모는 은혜의 이름이요, 사랑의 현실이요, 희생의 증거입니다.
부모는 봉사가 천직이요, 자비가 천성입니다.

"아버님 날 낳으시고 어머님 날 기르시니 두 분 곧 아니시면 이 몸이 살았을까 하늘 같은 은덕을 어데다가 갚사오리"

이 시는 조선시대의 시인 송강 정철이 아버지의 은혜와 어머니의 사랑을 두고 읊은 것입니다. 만물에는 천지가 있고 사람에게는 부모가 있습니다. 천지가 만물의 근원이요, 영원한 이름이라면 사람의 근원은 부모요, 부모라는 이름은 사람

에게서 지울 수 없는 영원한 이름입니다.

부모는 인간의 고향이요, 생명의 대지입니다. 고아의 슬픔은 근원과 영원한 이름을 잃어버린 고독의 아픔인 것입니다. 천지는 자신만을 위해 있지 않고 만물을 위해 있다면 부모는 자신의 운명입니다. 비록 생활이 불행하더라도 생명이 가장 존귀한 것이라면 생명을 주고, 가꾼 그 이름 앞에 무릎을 꿇지 않을 수 없습니다.

부모는 나에게 피와 살과 뼈와 심장을 주었습니다. 부모는 나에게 이름과 생애를 주었습니다. 지식도 지혜도 감정도 애정도, 갈등과 신음도 나를 위해 모두 바쳤습니다.

부모는 나에게 생활을 주었습니다. 땀과 눈물, 기쁨과 슬픔, 개성과 취미, 소질과 직업도 어느 것 하나 나를 위해 바치지 않은 것이 없습니다. 부모는 은혜의 이름이요, 사랑의 현실이요, 희생의 증거입니다. 부모는 봉사가 천직이요, 자비가 천성입니다. 그러기에 부모의 마음을 잃는 세계는 인간을 잃는 것입니다.

오늘의 세대는 부모의 정신을 잃은 자와 잃어버리는 자들이 숨바꼭질을 하고 있습니다. 나를 빼앗기지 않으려는 이익의 산술 속에 천륜天倫이 거리에서 고독하고 신문지상에서 피먹지고 있습니다. 개인의 가치를 존중한다는 미명 아래 인류의 질서는 교통사고를 일으키고 있습니다. 그러나 머리채를 잘라 팔아서 자식을 위하는 삭발의 모정도 있고, 피를 팔아서 자식의 수업료를 지불하는 부정父情도 있습니다.

오늘은 이보다도, 늙은 양친을 즐겁게 해드리려고 칠십의 나이에 색동옷을 입고 어리광을 부린 초나라의 노래자老萊子가 그립습니다. 또 어머니의 손가락 아픈 것을 먼 데서 알았다는 증자의 심령이 통하는 효성이 아쉽습니다. 효성에 감동한 코끼리들이 밭을 갈아 주었다는 이야기가 고사가 아닌 현실이었으면 좋겠습니다.

오늘은 어버이날입니다. 우리는 어버이의 가슴에 꽃장수의 꽃이 아닌 진실의 꽃을, 옷 위가 아니라 가슴속에 맑고 진한 마음의 꽃을 달아 드려야 하겠습니다.

1973. 5. 8. 어버이날에

혈육애는 사랑의 원리다

혈육의 사랑은 인간다운 제 위치를 세워 줍니다.
아버지다운 부성, 어머니다운 모성, 인간다운 인성이
혈육에서 시작되고 끝납니다.
물은 높은 곳에서 낮은 곳으로 흐르기 마련이듯
사랑을 본능으로 보았을 때는 물과 같습니다.

사람은 배우지 않고, 같이 기거起居하지 않으면서도 제 혈육을 알고 사랑할 줄 아는 선천적인 능력과 예지를 가지고 있습니다. 이 혈육의 사랑은 항상 숭고하고, 인간에게 사랑을 가르쳐 주는 최초의 교사입니다. 생명이 죽음보다 강하다면 생명을 주고받는 혈육의 사랑이야말로 누구도 막을 수 없는 큰 사랑입니다.

사람이 자신보다 남을 더 사랑할 수 없다고 하지만, 혈육 간의 사랑은 나 아닌 혈육의 행복 속에 내 자신의 행복이 있음을 보여 줍니다. 부모와 자식이 형제와 형제가 서로의 불행과 고통을 자기 자신의 것으로 여기는 이 사랑이야말로 구원의 사랑이요, 희생의 받침대입니다.

혈육의 사랑은 이기적인 사랑에게는 심판으로, 향락적인 사랑에게는 회개로, 감정적인 사랑에게는 의지가 되고, 순간적인 사랑에게는 영원의 길잡이가 됩니다. 혈육의 사랑은 인간다운 제 위치를 세워 줍니다. 아버지다운 부성, 어머니다운 모성, 인간다운 인성이 혈육에서 시작되고 끝납니다.

물은 높은 곳에서 낮은 곳으로 흐르기 마련이듯 사랑을 본능으로 보았을 때는 물과 같습니다. 그러나 인생이 우연으로 있거나 운명으로만 있는 것이 아니라면, 거기에는 희생의 필연이 있고 고뇌와 인종忍從의 형극이 있습니다. 이것이 까닭 있는 삶이요, 의지의 사랑입니다.

의지의 사랑은 불의 사랑입니다. 자기를 태우고, 차가운 고뇌를 극복하고, 지루한 인종에 견디려면, 우리 스스로가 마음에 불을 질러야 합니다. 스스로 자신을 태우는 사랑의 기술, 포기를 잊어버리게 하는 사랑의 동력이 필요합니다. 이렇게 서로를 이롭게 하고 서로를 사랑하는 혈육의 윤리는 세상을 평화롭게 합니다.

    남의 부모를 내 부모같이, 남의 자식을 내 자식같이, 남의 형제를 내 형제같이, 남의 가정을 내 가정같이 여기는 원리는 남의 나라를 내 나라같이 사랑하여 세계를 하나 되게 하는 원리가 됩니다.

    우리는 사랑을 섬기고, 평화를 지키고, 화목을 기뻐하고, 우애를 아끼는 혈육애가 인류애로 될 날을 기다리겠습니다.

1973. 5. 9

석가탄일

인생은 무상하고, 세상은 허전하고, 생활은 고독합니다.
이것이 나 아닌 나를 나라고 고집하고 애착하는 번뇌의 표현입니다.
진리와 생명은 받은 것이지만 찾는 자에게 발견되고,
두드리는 자에게 열려지고, 구하는 자에게 쥐어집니다.
고뇌와 싸우는 자에게 자비롭고 마음을 다스리는 자에게 자유롭고,
깨닫는 자에게는 언제나 어디서나 영원합니다.

사람은 이중二重의 신비를 가지고 있습니다. 지금 방송을 듣는 나는 몸과 귀는 이 자리에 있어도 마음은 그 어딘가에 가서 바쁘게 일하고 있습니다.

나는 한순간에도 악마와 천사가 같이 놀고 한 마음에 두 개의 얼굴을 가질 수 있는 마술사입니다. 그래서 인간에게는

풍성한 번뇌가 있습니다. 모든 번뇌는 한 마음에서 생겼고 그것들은 제각기 스스로의 근원을 저버리고 부산한 먼지를 피우면서 돌아서고 있습니다.

우리의 몸은 한 동작에 세모꼴과 동그라미를 그릴 수 없다지만, 마음으로는 모든 것이 가능합니다. 그래서 인간은 시끄럽습니다. 눈은 눈대로, 귀는 귀대로, 코는 코대로, 입은 입대로, 몸은 몸대로, 생각은 생각대로, 각각 욕심하는 것을 좇아서 제자리를 떠나고 있습니다.

나는 빈 껍데기로 유령의 걸음을 걸으며 선線도 없는 손을 허공에 허우적입니다. 그 부름은 본디로 돌아가자는 환원과 귀의歸依의 소리요, 그 염원은 본디 있던 것은 있고, 남아 있을 것은 남고, 되게끔 되어 있는 것은 되도록 채우려는 것입니다. 그렇게 애씀은 진실한 나, 참된 나의 실현입니다.

진리는 어떻다고 말할 수는 없어도 나와 함께 있고, 보고 만질 수는 없어도 그 능력이 있고, 번뇌의 나를 완전히 비울 때 내 안에 완전히 있어 줍니다.

돌은 수정水晶의 가치를 지니고 있지만 제 몸을 깎이우지 않으려 할 때 수정이 될 수 없습니다. 깎고 닦고 다듬어서 제 생명, 제 가치, 제 모습을 갖습니다.

인간의 영혼은 생명의 보고입니다. 그러나 탐욕에 막히

고, 분노에 가리고, 어리석음에 때 끼었을 때 밝지 못한 마음은 고생을 합니다. 인생은 무상하고, 세상은 허전하고, 생활은 고독합니다. 이것이 나 아닌 나를 나라고 고집하고 애착하는 번뇌의 표현입니다.

진리와 생명은 받은 것이지만 찾는 자에게 발견되고, 두드리는 자에게 열려지고, 구하는 자에게 쥐어집니다. 고뇌와 싸우는 자에게 자비롭고, 마음을 다스리는 자에게 자유롭고, 깨닫는 자에게는 언제나 어디서나 영원합니다. 내가 잃어버린 것을 원망할 길이 없다면, 내 스스로 잃어버린 것을 찾아 나서야 하겠습니다.

오늘은 열반(涅槃)을 가르쳐 준 그분을 바라보면서 그의 가르침을 깨닫는 날입니다.

1973. 5. 10

어머니 마음

어머니의 휴식은 자식에게 젖을 먹이는 보람찬 시간에 있고,
음식을, 입을 것을 매만지는 시간에 행복이 있습니다.
하늘보다 높고 바다보다 깊다는 어머니의 사랑은
글자로 된 사랑이 아닙니다.
어머니의 사랑은 눈 멀고 귀 먹고 말하지 않는 그냥 맹목적인 사랑,
그뿐입니다.

호미도 날이 있지마는

낫처럼 들 까닭이 없습니다

아버님도 어버이시지마는

어머님같이 나를 사랑하실 분이 없도다

더 말씀하시지 마시오 사람들이여

어머님같이 사랑하실 분이 없도다

이 시는 사모곡思母曲이라는 고려시가高麗詩歌입니다. 어머니의 사랑이 아버지의 사랑보다 더 깊고 섬세하다는 내용이 소박하고 극진하게 표현되어 있습니다.

어머니에 대한 정은 어느 시대 어느 곳에서나, 누구에게나 한마음일 것입니다. 세상의 모든 이름 중에서 가장 먼저 배우는 이름이요, 마지막 목숨이 끊어질 때까지 잊지 못하는 이름이요, 부를수록 사무치고 변함 없는 이름은 역시 어머니입니다. 어머니의 일생은 고통에서 시작하고 인내와 수고로 이어져 죽기까지 자식 생각에 온 마음을 다 바치는 희생의 연속이 있을 뿐입니다.

인간이 소우주라면 어머니는 우주의 창조자입니다. 그 우주는 어머니의 살과 피로 조성되었고, 생사의 좁은 문을 통해서 신고辛苦와 신음의 노래를 들으면서 땅과 피를 타고 내려온 어머니의 일부분입니다. 그 우주는 어머니의 극중한 괴로움으로 견고해졌고, 민망한 애통에 복되었고, 고통과 혹독한 인내에서 이룩된 것입니다.

이 세상에는 어머니라는 거룩한 이름이 있기에 구원이 있습니다. 자식의 약점, 더러운 것, 죄악까지도 어머니의 마음을 지날 때는 강해지고, 깨끗해지고, 선해집니다. 어머니의 마음에서는 위로와 평화와 휴식이 나옵니다. 어머니의 마음속에는 답답한 자식에게 바다가 있고, 호소하는 자식에게는 산울림이 있고, 지루한 아기에게는 장난감이 있으며, 아픈 자식에게는 약이 들어 있습니다.

어머니의 생활에는 낭비가 없습니다. 코 묻은 밥알도, 헤진 옷도, 알뜰한 정성으로 먹고 입습니다. 어머니의 휴식은 자식에게 젖을 먹이는 보람찬 시간에 있고, 음식을, 입을 것을 매만지는 시간에 행복이 있습니다.

하늘보다 높고 바다보다 깊다는 어머니의 사랑은 글자로 된 사랑이 아닙니다. 어머니의 사랑은 눈 멀고 귀 먹고 말하지 않는 그냥 맹목적인 사랑, 그뿐입니다. 오직 혼신의 힘으로 자식을 위해서 내 몸을 던지는 고귀한 사랑입니다. 어머니의 일생은 원죄의 결과를 보상하는 속죄의 제사입니다. 어머니의 모든 사랑 중에서 산고産苦만이라도 아는 자식은 인생을 헛되게 살지 않습니다.

오늘은 내 어머니가 외롭지 않으신지 다시 생각해 보아야 하겠습니다.

1973. 5. 11

형제와 대인관계

우리의 출생이 선천적인 계약에 의해서 근거되지 않았다면
대인관계는 우연한 사람이 우연한 사건 속에 만나고
상종하는 것입니다.
형제는 곧 우연한 상종의 해독이요,
인간관계의 근본에 있는 가장 기본적인 관계입니다.

근대 교육의 아버지인 페스탈로치는 "가정의 단란함이 지상에 있어서 가장 빛나는 기쁨이다"고 하였습니다. 우리는 인간의 행복과 기쁨이 밖에서 오는 것보다 안에서 온다는 것을 경험할수록 이 말을 실감하고 있습니다.

맹자는 군자의 세 가지 즐거움을 말하면서 그 첫째 즐거움에 '부모가 생존하여 늘 건강하시고 형제들이 사고 없이 평

안한 것'을 꼽고 있습니다. 이것은 씨족 중심의 유교적인 사회가 우리에게 가르쳐 준 인륜관계입니다. 사회의 변천으로 가치관의 변화와 윤리체계가 변화하였으나 인간의 최소 공동체인 가정의 화목은 예나 지금이나 또 앞으로도 가장 중요한 과제일 것입니다.

부모는 머리로서 하늘과 태양을 바라보게 하고 형제는 수족으로서 땅과 달을 바라보게 합니다. 부모와 나의 관계는 수직의 관계요, 형제와 나의 관계는 수평의 관계입니다. 수직의 관계는 나를 알게 하는 절대적인 관계요, 수평의 관계는 나를 생각하게 하는 상대적인 것입니다.

부모와 자식 간의 관계는 본능적이고 운명적인 관계요, 어쩔 수 없는 천륜의 관계지만, 형제 간의 관계는 형제가 있음으로서 발생하는 관계인 만큼 우연의 관계라 할 수 있습니다. 사람이 공동생활을 떠나서 살 수 없듯이 대인관계 없는 생활은 한시도 생각할 수 없습니다.

우리의 출생이 선천적인 계약에 의해서 근거되지 않았다면 대인관계는 우연한 사람이 우연한 사건 속에 만나고 상종하는 것입니다. 형제는 곧 우연한 상종의 해득이요, 인간관계의 근본에 있는 가장 기본적인 관계입니다.

형제는 부모를 중심으로 해서 하나라는 경험에 기초를

두고 있다면, 너와 나의 인간관계는 '우리'라는 인칭대명사 속에 가능한 것입니다. 형제가 하나인 것은 결합과 단합과 일치를 말합니다. 이 형제 간의 결합과 단합과 일치는 인간관계에 있어서 결합의 본보기요, 단합의 체험이요, 일치의 가능성을 보여 줍니다.

    너와 나의 분리가 파괴요, 너와 나의 불화가 고독이요, 너와 나의 두절이 죽음이라면, 형제의 윤리, 형제의 이름, 형제의 관계는 언제나 새롭게 사람들에게 가르쳐 줘야 할 것입니다.

1973. 5. 12

슬기로운 처세술

현실은 현실적인 노력의 결과로 이루어집니다.
우리는 진리를 아는 것보다 진리를 좋아하고
진리의 도락가가 되기보다는 진리를 마음에 얻어 기뻐하는
실천인의 행복을 우리의 것으로 가져야 할 것입니다.

사람이 세상을 살아가는 데도 생활의 기술이 필요하고, 여기에는 정신보다 경험이나 습관이 더 중요하다고 합니다. 이 처세술은 오늘날 인간관계에 있어서 그 성공과 실패를 가늠하는 비밀이기도 합니다. 그러나 처세술이 진실을 바탕으로 하면 슬기가 되지만 성실을 외면하면 저주가 된다는 것을 우리는 맛보고 있습니다.

어느 날 대학을 갓 졸업한 청년이 제게 찾아와서 이런 마

음의 고충을 말한 적이 있습니다. 졸업식을 마치던 그날 밤 아버지께서는 대인관계의 좌우명을 아들에게 들려 주셨는데, 그 내용인즉 비록 건설적이든 진실이든 간에 당사자 앞에서는 충고나 비판을 삼가는 것이 현명한 일이요, 이론과 실제는 항상 다르다는 것을 명심하여 살라는 것입니다.

이 말은 얼핏 듣기에는 평범한 내용인듯 하지만 곰곰이 되새길수록 마치 시험을 치르려는 자식에게 아버지가 '커닝'하는 기술을 가르쳐 주는 것 같은 느낌이 든다는 것입니다. 더구나 그 말이 천명을 안다는[知天命] 나이인 50대 아버지의 말씀이기 때문에 더욱 심각하였습니다. 진실에 순박하고 정의감에 탄력 있고 정직에 타협을 모르는 청년에게는 충격이 아닐 수 없습니다. 그러나 아버지가 불의不義의 옹호자가 아니요, 동물적인 사심과 사욕에 분방한 순례자가 아니라면, 그 말의 뼛속을 들여다볼 줄 알아야 할 것입니다.

학덕을 쌓아온 것이 상아탑의 고지를 점령하여 깃발을 날리거나 학위의 권위를 자랑하기 위한 것이 아니라면 아버지가 들려준 절망의 창槍을 광명의 화살로 바꾸는 대장간의 뜨거운 작업이 아들의 사명입니다.

현실은 현실적인 노력의 결과로 이루어집니다. 우리는 진리를 아는 것보다 진리를 좋아하고 진리의 도락가가 되기보다는 진리를 마음에 얻어 기뻐하는 실천인의 행복을 우리의 것으로 가져야 할 것입니다.

진리를 말하고 부정을 비판한다는 것은 확실히 어려운 일입니다. 어느 시대 어느 역사이건 진리는 항상 교수대絞首臺 위에 있고 부정은 항상 왕좌에 있습니다. 그래서 이론의 질서는 흐려지고 실천은 혼돈을 가져다 줍니다. 그러나 어두워야 하늘이 보이듯이 슬기로운 처세술은 어두운 현실 속에서 더욱 분명히 보이는 것입니다.

이 확신이 무거운 발걸음과 험난한 오솔길을 가볍게 해줄 것입니다.

1973. 5. 14

3부

우정을 갖자

짓밟힌 우정은 승리한 배신보다 강합니다.
세상에는 친구는 있어도 친구로 살기는 어렵습니다.
우정의 거짓말이나 표현은 머지않아 탄로가 납니다.
그것은 마치 현금을 지불하면 무효가 되어버리는
어음과 같기 때문입니다.

다정한 벗들이 서로 마음을 터놓고 오손도손 정을 나누는 말소리처럼 아름다운 것도 없을 것입니다. 친구는 내 허기진 사랑의 식탁이요, 냉혹한 현실의 평화로운 화로요, 밀물처럼 기쁨은 더하고 썰물처럼 슬픔은 나누는 사랑의 조수潮水입니다. 친구 없는 인생은 마차 없는 여정과 같습니다. 그러나 정직으로 자라나고 성실로 결실하는 조심스런 열매나무입니다.

우정은 이해관계를 따지는 손익계산서가 아닙니다. 우정은 아첨이 없습니다. 참되고 착하고 올바른 마음이 넓고 곧게 뚫려 있습니다. 시원한 말과 분명한 태도만이 미더웁게 됩니다. 우정은 두 개의 얼굴이 없습니다. 우정은 앞에서 보아도 장미꽃이요, 뒤에서 보아도 장미꽃입니다.

표리가 부동한 사람은 우정을 욕망의 상품 거래로 만듭니다. 우정은 말의 친절이나 표정의 사교(社交)가 아닙니다. 말에 실속이 있고 표정에 믿음이 있습니다. 그러나 악한 친구의 말에도 재치가 있고 열의와 아름다움이 있습니다. 그래서 사람들은 진실하게 속아 주고 성의 있게 멸망하고 있습니다. 우리는 우정의 위험에서 벗어나야 합니다. 마음의 연약한 위험, 편견의 위험입니다.

독일의 아돌프 히틀러는 이 우정의 위험을 신나게 이용하였습니다. 그의 저서인 『나의 투쟁』에서 말하기를 "재치 있는 거짓말을 부단히 반복함으로써 사람들로 하여금 천당이 지옥이고 지옥이 천당이라고 믿도록 할 수가 있다. 거짓말이 굉장하면 할수록 사람들은 더 쉽게 그것을 믿게 될 것이다"고 하였습니다.

그러나 짓밟힌 우정은 승리한 배신보다 강합니다. 세상에는 친구는 있어도 친구로 살기는 어렵습니다. 우정의 거짓

말이나 표현은 머지않아 탄로가 납니다. 그것은 마치 현금을 지불하면 무효가 되어버리는 어음과 같기 때문입니다. 친구는 나의 다른 이름입니다. 그래서 친구가 죽으면 나의 죽음처럼 슬퍼합니다. 친구를 배신하는 것은 나를 배신하는 것이요, 친구를 속이는 것은 나 자신을 속이는 것입니다.

우리는 자신을 속일 수도 없고 배신하고 싶지도 않습니다. 우리는 내 이웃이 친구요, 민족이 친구라면 우정 있는 사회, 우정 있는 국가가 우리의 것이어야 하겠습니다.

1973. 5. 15

힘, 숨결 그리고 예언

힘을 기르는 사람에게는 미래의 꿈이 있고, 그 꿈에는 예언이 있습니다. 예언은 무당의 굿 풀이가 아니요,
현재와는 무관하게 미래에 일어날 일만을 말하는
추리소설도 아닙니다.
오늘의 사건에 대한 미래의 결과를 미리 말하는 과학의 증언입니다.

대공을 향해서 힘차게 나는 독수리의 날개를 보면 어깨의 근육이 뜁니다. 우렁찬 정열의 대합창 소리는 전신의 감각을 흔드는 율동이 있습니다. 보무당당步武堂堂한 젊은이들의 밀물 같은 행진은 우리의 발걸음을 대열 속으로 빨아들이는 흡인력이 있습니다.

하늘을 찌르는 함성과 탄탄한 근육이 불꽃을 튀기며 부

덮치는 경기장은 핏줄을 솟구치게 하고 힘줄을 출렁이게 합니다. 이 자유의 힘, 정열의 율동, 피의 흡인력, 근육의 열기는 체온을 가진 생명의 숨결입니다. 날지 않는 새, 식어 가는 체온, 빛 잃은 눈동자, 피로에 축 처진 몰골은 참으로 가련합니다.

우리는 얼마나 많은 역사의 책장에 숨결의 좌표를 그리고 있습니까? 숨은 힘이 없으면 쉴 수 없습니다. 힘은 숨결의 '모터'입니다. 사는 자에게는 숨결이 있고, 숨결이 있는 자에게는 힘의 '모터'가 쉬지 않습니다.

우리는 힘을 기르기 위해서 살고 있습니다. 잠을 자는 것도, 밥을 먹는 것도, 쉬는 것도, 신진대사를 하는 것도, 힘을 기르기 위해서입니다. 일을 하면서도, 공부를 하면서도, 굴욕을 받으면서도, 속으면서도, 침묵을 지키면서도, 기다리면서도 힘을 기르는 것은 어제보다 강하고, 오늘보다 잘 살고, 내일보다 번성하기 위해서입니다.

힘을 기르는 사람에게는 미래의 꿈이 있고, 그 꿈에는 예언이 있습니다. 예언은 무당의 굿 풀이가 아니요, 현재와는 무관하게 미래에 일어날 일만을 말하는 추리소설도 아닙니다. 오늘의 사건에 대한 미래의 결과를 미리 말하는 과학의 증언입니다. 여기에는 현재의 사실을 분명하게 보는 양심의 눈과 역사를 통찰하는 진리의 눈이 있어야 합니다. 사건은 숨결의 '모터'를 가진 자에게 보여지고, 통찰은 힘을 기른 자들만이 가능합니다.

　말은 숨결이 있는 자의 할 일이요, 외침은 힘이 있는 자의 할 일이요, 선포는 능력이 있는 자들이 할 일입니다. 힘은 기르면 생기고 생기면 솟아나기 마련입니다. 그 힘은 숨기려고 하여도 뼈와 심장에 갇혀서 마음속에 타오르는 불처럼 견딜 수 없는 것입니다.

　우리는 힘 있는 예언, 과학의 예언, 밝은 예언을 선포하는 조국을 길러야 하겠습니다.

1973. 5. 16

용기는 백행百行의 근본

용기는 분노의 발작도 아니요, 한 순간의 도취도 아니요,
자존심의 발산도 아닙니다.
용기는 힘이기 때문에 부리는 자의 마음에 따라 흥함도 되고
망함도 됩니다. 그 사용이 진리스러우면 평화요,
정당하지 못하면 폭행이 됩니다.

상쾌한 하늘을 바라보면서 움츠렸던 신심身心에 기지개를 켜려고 등산길을 나서면 발걸음도 신바람이 납니다. 한 걸음 한 걸음 산정山頂을 향해 오르면서 숨차 오는 인내와 정복하려는 최선의 일념은 수도자의 생활과 같습니다.

산을 올라본 사람이라면 누구나 경험합니다만, 산을 정복하는 힘은 육체의 능력도 중요하지만 불굴의 의지에서 솟

는 용기가 얼마나 큰 것인가를 느낍니다. 용기는 어려움을 알면서, 그것을 무서워하지 않고 힘 있게 결단하고 실행하는 것입니다.

용기는 일하겠다는 사람, 뜻을 이루려는 사람에게 반드시 있어야 할 기본 정신입니다. 잠자리에서 일찍 일어나는 것도 용기가 있어야 하고, 먹는 데도 용기가 있어야 하고, 일하고 공부하고 운동하는 데에도 용기가 있어야 합니다. 용기는 두려움이나 망설임이 없는 과단성을 말합니다.

착하고 옳은 일을 하는 데도, 성실과 진리를 실천하는 데도, 예의를 지키고 사랑을 하는 데도, 참는 데도 용기가 있어야 합니다. 우리가 게으름과 망설임과 비굴함을 이기려면 용기의 무기를 들고 싸워야 합니다. "운명은 우리에게서 부귀를 빼앗을 수 있어도 용기는 빼앗을 수 없다"고 어느 철인이 말했습니다.

생활에 실패하고, 인생에 절망하고, 운명에 농락 당한 사람이 다시 일어나 뛸 수 있는 것은 오직 용기뿐입니다. 그러나 용기는 분노의 발작도 아니요, 한순간의 도취도 아니요, 자존심의 발산도 아닙니다. 용기는 힘이기 때문에 부리는 자의 마음에 따라 흥함도 되고 망함도 됩니다. 그 사용이 진리스러우면 평화요, 정당하지 못하면 폭행이 됩니다.

용기가 건설적인 일을 이루려면 네 가지 요소가 있어야 합니다. 첫째는 선악을 판단하는 지식이요, 둘째는 선을 근본으로 한 사랑이요, 셋째는 정당한 목적을 둔 정의요, 넷째는 진리와 질서의 수단인 예의입니다. 판단력과 원칙을 잃어버린 용기는 만용입니다. 목적과 질서가 없는 용기는 장난입니다. 감정적인 용기, 치사한 용기, 어처구니없는 용기는 사람들을 기막히게 하는 만용입니다.

우리는 아름답고 시원하고 미더운 용기를 사랑해야만 하겠습니다.

1973. 5. 17

감격하라

감격은 흐느적이는 것에 원기를 주고,
잃어버리는 것을 되찾게 해 주고,
분리된 것을 다시 결합시켜 주는 자극제입니다.
옳은 일에 감격하면 옳은 일에 뛰어들고,
아름다운 일에 감격하면 아름다운 일에 몸 바치고,
착한 일에 감격하면 착한 일에 힘을 씁니다.

하늘은 맑고 녹음은 알맞추어 있고, 꽃은 다투어 피는 조용한 계절의 아침은 화폭에 담고 싶은 충동을 줍니다. 서산에 타는 붉은 노을을 지게에 진듯 노을을 등지고 소 몰아 들을 걸어오는 농부의 모습은 목가적인 시심詩心을 출렁이게 합니다.

사람의 마음에서 감정을 제외한다면 그것은 진열장의 마

네킹을 보는 것과 다름없을 것입니다. 사람에게 감정이 얼어붙는다는 것은 인간이 얼어붙는다는 것과 마찬가지일 것입니다. 감정은 인간이 이웃 세계와 혈액 순환을 하는 생명의 작용입니다. 사람의 마음에서 감정을 닫아버리면 자기가 의식하는 세계와는 담을 쌓는 것입니다. 그 사람이 어떤 감정을 갖고 있느냐는 어떤 세계를 이루느냐를 결정하여 줍니다.

아름다운 감정은 아름다운 세계를 갖고 분노의 감정은 분노의 세계를 갖게 됩니다. 미워하는 마음에 사랑과 평화가 깃든다는 것은 돌더러 피를 가지라는 억지일 것입니다. 감정은 이성의 날개요, 뼈의 살이요, 사물의 색깔이요, 노래의 선율입니다. 감정은 변덕 부리는 나약함의 일면도 갖고 있지만 생명의 요소요, 인생의 힘입니다. 그러나 우리는 껌을 씹듯 뱉어버릴 감정을 말하고 싶지는 않습니다. 우리의 생활을 분발시키는 감격이 있어야겠습니다. 감격은 우리의 생활을 활기 있게 하는 용수철과 같습니다.

감격은 흐느적이는 것에 원기를 주고, 잃어버리는 것을 되찾게 해 주고, 분리된 것을 다시 결합시켜 주는 자극제입니다. 옳은 일에 감격하면 옳은 일에 뛰어들고, 아름다운 일에 감격하면 아름다운 일에 몸 바치고, 착한 일에 감격하면 착한 일에 힘을 씁니다. 감격은 시계의 추를 계속 움직이는 태엽과 같습니다. 감격할 수 없는 사람은 생활의 의미를 잃어버린 사람이요, 의욕을 상실한 사람입니다.

우리 사회의 가문 하늘에 후두둑 가슴 뗄 한 줌의 비와 같은 감격이라도 있었으면 좋겠습니다. 이 감격은 흐린 머리의 청량제가 되어서 우리의 가정, 우리의 이웃, 우리의 일터를 새롭게 보는 눈을 줄 것입니다. 우리는 감격이 없는 인생을 기름이 없는 등잔이라고 말합니다.

1973. 5. 18

주객이 전도된 시위

누가 사회를 더럽히고, 악한 말을 어린이에게 배우게 하고,
순진을 잃게 하고, 거짓을 가르쳤는지 질문해 볼만 합니다.
한번쯤은 어른들도 어린이들에게 "선생님" 하고 불러 본다 해서
잘못된 말은 아닐 듯 합니다.

"선생님 제가 어떤 처벌을 받아도 좋습니다. 죄송합니다만 이 빵을 굶주림에 지쳐 부모를 원망하는 내 자식들에게 동정해 주실 수는 없겠습니까? 그리고 비굴한 이 애비의 사정일랑 비밀로 해주십시오. 이것이 못난 애비가 가진 최후의 인격이요, 선생님께 바라는 소원입니다."

이 내용은 소설이 아니라, 몇 해 전에 들었던 사실입니다. 실직한 아버지가 배고픔에 허덕이는 자식들을 위해 빵을 훔

치다가 붙들려서, 그 빵집 주인에게 애소하는 말입니다. 이 정경은 빵집 주인도, 현장을 목격한 사람들도, 이 말을 듣기만 한 사람마저도 모두 흐느끼게 하였습니다.

뜨거운 사랑의 심장을 가진 부모에게 자식의 고통은 무엇보다 무서운 것입니다. 총을 겨누고 지킨다 해도, 인간의 행동을 규제하는 법이 있다 해도, 양심을 내려다보는 하늘이 있다 해도 자식의 주린 배를 채워 주고픈 아버지의 마음을 어찌할 수 있었겠습니까? 이것이 사랑의 위력입니다. 오늘날은 이러한 아버지도 자식도 없을 겁니다. 그러나 지금은 자식들이 어른들에게 바라는 아픈 호소가 있습니다.

며칠 전 우리는 창립 17주년을 맞이하는 "보이스카웃"과 "걸스카웃"의 기념행사를 보았습니다. 이날 소년 소녀들은 구호가 쓰여진 푯말을 들고 시가지를 누비며 장한 모습으로 행군을 하였습니다. 푯말에 쓰인 내용들은 부당한 주장도 아니요, 지키기 힘든 꿈도 아니었습니다. '올바른 국민', '명랑한 사회', '깨끗한 거리', '고운 말씨', '부지런한 국민', '나라 사랑' 등의 호소였습니다.

이 광경을 지켜본 사람의 표정은 어떤 이는 대견한 어린 학생들의 모습에 박수를 보내고 있었고, 어떤 이는 어린 학생들의 호소에 부끄러움을 감추지 못하는 모습도 보였습니다.

이 호소는 어려운 것을 강요함도 아니요, 힘의 과시도 아니요, 지식의 전시나 인기를 위함도 아니었습니다. 순진과 정직과 성실과 노력을 잃어버린 어른들의 사회와 마음에 간절한 호소요, 꾸짖음이었습니다. 이 행진, 이 웅변, 이 애소는 주객이 전도된 교육이었습니다. 배우고 따르는 세대가 기성세대에 보내는 "조국의 훌륭한 일꾼으로서 명랑한 사회 건설에 앞장서겠다" 하는 무서운 채찍이었습니다.

　누가 사회를 더럽히고, 악한 말을 어린이에게 배우게 하고, 순진을 잃게 하고, 거짓을 가르쳤는지 질문해 볼만 합니다. 한번쯤은 어른들도 어린이들에게 "선생님" 하고 불러 본다 해서 잘못된 말은 아닐 듯합니다.

1973. 5. 19

사람은 만드는 동물이다

사람은 만드는 동물이요, 교육은 사람을 만드는 일입니다.
그러나 사람이 사람을 만든다는 것은 신을 만드는 것도
짐승을 만드는 것도 아닙니다.
사람은 사람의 지혜를 만들고, 사람의 세계를 만들고,
사람의 행동을 만들고, 사람의 양심을 만듭니다.

우리나라의 속담에 "물은 트는 대로 흐른다"는 말이 있습니다. 이 말은 교육의 의미가 인간에게 인생의 방향을 설정해 주는 데 있다는 말일 것입니다. 사람이 사는 게 문제가 아니라 어떤 사람으로 어떻게 사느냐가 문제라면 교육은 사람의 됨됨이와 그 행동을 좌우하여 줍니다.

어느 날 농부가 소에게 처음으로 쟁기질을 가르치고 있

었습니다. 아버지는 앞에서 소의 고삐를 잡고 아들은 뒤에서 쟁기를 잡았습니다. 아들은 소에게 '이리', '저리' 하는 것이 고삐를 잡은 아버지에게 지시하는 것 같아서 '아버지 이리 가시오', '아버지 저리 가시오' 하고 지시를 하였습니다. 며칠이 지나서 이제는 고삐를 잡고 이끌지 않아도 되겠거니 하고 소를 몰아 쟁기질을 해보았습니다. 그런데 소는 '이리', '저리' 하고 지시하면 움직이지 않았습니다. 그리고는 '아버지 이리 가시오', '아버지 저리 가시오' 하고 말하면 말을 잘 들었습니다. 처음 배운 말밖에 알아들을 수 없었기 때문입니다.

사람은 출생부터 모든 것을 갖추고 변하지 않는 모습으로 살아가는 것이 아니라 삶을 통해서 사람이 되어 가는 것입니다. 인생을 항해하는 배에 비유한다면 교육은 인생의 방향과 전진을 결정하는 조타操舵와 같습니다.

아테네는 아테네의 시민을 원하고, 스파르타는 스파르타의 시민을 원합니다. 우리나라는 한국인을 원하고, 중국은 중국인을 원합니다. 전쟁은 전쟁하는 사람을, 도둑은 도둑질하는 사람을, 거짓은 거짓말하는 사람을 만듭니다.

사람은 만드는 동물이요, 교육은 사람을 만드는 일입니다. 그러나 사람이 사람을 만든다는 것은 신을 만드는 것도 짐승을 만드는 것도 아닙니다. 사람은 사람의 지혜를 만들고, 사람의 세계를 만들고, 사람의 행동을 만들고, 사람의 양심을 만듭니다.

인간의 불행은 사람을 신으로 만들려거나 짐승을 만들려는 데서 생깁니다. 신으로 만들려 함은 교만의 역사요, 짐승으로 만들려 함은 비참의 역사입니다. 인간은 역사의 밭에서 역사의 공기를 마시며 사는 역사적인 존재입니다.

교만한 역사는 나를 교만하게 하고 비참한 역사는 나를 비참하게 만듭니다. 교만이나 비참은 우리의 바람이 아닙니다. 우리는 사람의 지혜, 사람의 세계, 사람의 행동, 사람의 양심을 만드는 데 팔소매를 걷어야 하겠습니다.

1973. 5. 21.

친절은 예술이다

친절은 향기이기 때문에 사람과 분위기에 번지는 힘이 있습니다.
친절은 돈이 들지 않습니다. 친절은 남에게 주는 것입니다.
그러나 친절은 베푼 것보다 더 많은 것을 가져오고
나를 비운 것보다 더 큰 만족과 힘을 줍니다.

우리의 생활은 항상 다른 사람과 밀접한 관계를 맺고 있습니다. 하찮은 나의 태도가 대수롭지 않은 듯하지만, 다른 사람과 접촉하고 전달될 때는 중대한 결과를 가져오기도 합니다.

인간관계란 너와 내가 매어져 있음을 말합니다. 관계를 매는 끈이 어떤 종류의 것이든 매어짐은 매 일반이라고 하지만 기왕이면 아름답고 튼튼한 끈이기를 원합니다. 그래서 인간관계에도 예술이 있습니다.

예술은 생활의 빵은 아니지만 음료수요, 생활의 몸은 아니지만 몸의 힘이요, 자극제입니다. 일하는 자나 길을 걷는 자나 노래를 들으면서 걷거나 일하면 활기가 있고 기운이 돋아납니다.

인간관계의 예술은 친절입니다. 다정하고 공순恭順하고 부드러운 환경은 노래가 있고, 아름다운 꽃과 풍경이 있는 공원과 같습니다. 친절은 무거운 인생의 짐을 가볍게 움직이는 지렛대입니다. 친절은 우울한 생활에는 태양이요, 불행한 사람의 경우에는 구원의 손길입니다. 친절은 무표정한 얼굴에는 노래를 주고 무정한 사람에게는 감격을 줍니다.

너와 나를 매는 끈은 흔히 팽팽한 긴장관계를 가지고 있기 때문에 처음 만나는 사이에는 피곤합니다. 그 피곤은 상대방을 아직 믿지 못하는 불신이요, 이해하지 못하는 오해요, 미지의 세계를 탐험하는 탐험가의 두려움입니다. 그러나 친절은 이 모든 것을 해결하고 보여 주는 계시啓示입니다.

친절은 감정의 편견이나 이해타산의 편애가 아닙니다. 그러나 친절은 감정과 이해타산에 얽매이기 쉬운 인간에게는 자기를 극복하는 영웅입니다. 가난한 자도, 부자도, 배운 자도, 못 배운 자도, 누구에게나 가능한 공동의 선이요, 가정이나 직장이나 길이나 어디서든지 사람이 모인 곳이라면 있어야 할 향기입니다.

친절은 향기이기 때문에 사람과 분위기에 번지는 힘이 있습니다. 친절은 돈이 들지 않습니다. 친절은 남에게 주는 것입니다. 그러나 친절은 베푼 것보다 더 많은 것을 가져오고 나를 비운 것보다 더 큰 만족과 힘을 줍니다.

요즈음 우리 주변에는 친절한 표정보다 성난 표정들이 더 많이 보입니다. 불친절이 정상이어서 친절한 것이 어색하다고 합니다.

우리는 친절한 마음, 친절한 표정, 친절한 인사에 힘써야 하겠습니다.

1973. 5. 23

행복은 어디에

행복은 각자가 바라보는 그곳에 있습니다.
행복이 영원한 것이라면 그것은 물질의 욕망이 아니라
영원의 마음입니다.
물질은 나와 별개의 것이지만 마음은 나와 하나되는 것입니다.

사람은 누구나 자기 자신만의 행복을 위해서 살려고 합니다. 그러나 행복은 얻으려는 사람을 위해서 있어 주지 않습니다.

행복은 우리에게 수수께끼입니다. 행복을 찾으려는 길목은 미로처럼 복잡하고 행복에 묻혀 보려면 오히려 불행에 빠지게 되고, 행복을 붙잡겠다고 발버둥 치면 행복은 제 먼저 알고 멀리멀리 달아나 버립니다. 행복은 나만의 것이기를 원할 때 나를 오히려 불행 속에 묶어 버립니다. 행복이 묶어 놓은 번뇌의 끈은 행복을 놓아 주는 데서 풀어낼 수가 있습니다.

그러나 묶여진 끈은 나를 쉽게 풀어 놓지 않습니다. 이제 행복의 수수께끼는 엉켜진 실꾸러미를 푸는 것과 같습니다. 풀기 어렵다는 것을 알면서도 그 실을 버릴 수가 없어서 한 가닥 한 가닥 풀어 나가는 것이 행복의 내심입니다. 엉켜진 실매듭이 풀리고 가느다란 실가닥이 큰 타래로 끊임없이 늘어가면서 행복은 새로운 맛을 우리에게 안겨 줍니다. 그러나 조급한 마음으로 풀고자 하면 실은 더욱 엉킬 뿐, 자칫 불행에 빠지게 됩니다.

행복은 사람에게 주어지는 것이지만 행복은 자기를 느끼고 갖을 수 있는 사람에게만 안깁니다. 행복은 나에게 묶어 놓으려면 엉켜버리지만 내게서 풀어 놓으면 항상 곁에 있어 줍니다. 그래서 행복은 소유하고 지배하는 것이 아니라 곁에 두고 바라보는 것입니다.

흔히 말하기를 나만을 위하는 행복을 버린다는 것은 훌륭하고 아름다운 일이라고는 하지만 그것은 아름다움도 훌륭함도 아니요, 오직 버림으로써 얻을 수 있는 것입니다.

삶이 각자의 살아 있는 현상이라면 행복은 각자가 추구하는 현상입니다. 행복의 문제는 행복이란 무엇이냐의 문제가 아니라 어디에 있으며 어떻게 얻을 수 있느냐가 문제입니다. 행복은 각자가 바라보는 그곳에 있습니다. 행복이 영원한 것이라면 그것은 물질의 욕망이 아니라 영원의 마음입니다. 물질은 나와 별개의 것이지만 마음은 나와 하나되는 것입니다. 마음은 구속하거나 빼앗을 수 있는 것이 아니라면 행복은 자유의 땅이 살 자리요, 아무것에도 묶이지 않을 때 얻어지는 것입니다. 행복은 노예인이 아니라 자유인이요, 육체의 풍부함에 있지 않고 가난한 마음의 비옥한 겸손에 있습니다.

우리는 행복을 가진 사람보다 행복을 생각하는 사람을 만나야겠습니다.

1973. 5. 24

주어主語로 돌아가라

기계문명의 날카로운 톱니 속에서
서커스하듯 살아 가는 현대인의 심장은 감동이나 자극에
전혀 무감각한 듯합니다. 우리는 주어로 돌아가야 합니다.
우리의 주어는 인간이요, 양심이요, 인격이요, 생명입니다.

옛말에 '전가통신錢可通神'이라는 말이 있습니다. 돈이면 귀신과도 통할 수 있다는 말입니다. 사실 오늘날 자본주의와 산업 사회 속에서 돈의 위력은 더욱 절대적인 것입니다. 돈은 생존 조건의 기본이거나 목표 추구의 보조 수단이 아니라 인생의 목적이 되어가는 것 같습니다. 돈을 준다면 심술궂은 귀신도 웃고 뱃속의 어린이도 나온다고 합니다. 어린이들이 울면 지난날에는 곶감으로 달래거나, 호랑이로 위협을 하였습니다만, 지금은 돈이면 그만입니다.

　돈은 곧 그 사람의 힘이요, 자유의 상징입니다. 누가 뭐래도 돈은 전능한 신이 되고 있다는 것을 오늘의 현실에서 크게 부인할 수 없을 것입니다. 돈은 인간이 존엄하게 살고 인격이 존중되기 위한 수단입니다. 이것이 경제의 윤리입니다. 그러나 수단이 목적에 종사하는 것이라면, 인격이나 인간의 존엄은 돈에 종사해야 하는 것이 오늘날 시장의 윤리입니다. 돈을 벌기 위해서는 인간이 노리개가 되어도 좋고 생명은 실험용이 되어도 좋습니다. 우리는 그런 하나의 본보기로 살고 있는지도 모릅니다.

　우리는 생활의 수단으로 자동차를 탈 수밖에 없습니다. 그러나 형편없는 만원버스에서 우리의 인격은 콩나물이 되고 맙니다. 한 푼이라도 더 벌겠다는 버스의 경쟁으로 승객은 어린이의 장난감 차에 실린 돌멩이 승객이 되어 이리 저리 팽개쳐집니다.

　목숨을 부지하겠다고 식품을 사 먹으려면 그 속에 들어있는 유해성분이 치사량이 아니길 빌면서 눈을 질끈 감고 먹습니다.

　돈은 사람을 미치게 만드는 마력이 있습니다. 사람이 돈에 미치면 양심이 썩고 양심이 썩으면 인격이 썩고 인격이 썩으면 그 사람은 시체와 다름없습니다.

사람을 보는 사람의 눈동자에서 주판알 굴리는 소리가 난다면 역정을 내실 분이 있겠지만 인간부재人間不在의 사고방식은 여기에까지 이르고 있습니다. 이제 양심의 호소, 인격의 소리 등의 말은 한낱 고사故事이거나 동화 속의 이야기일 뿐, 이 땅에서 모습을 감춘 지 오래인 듯합니다. 기계문명의 날카로운 톱니 속에서 서커스하듯 살아 가는 현대인의 심장은 감동이나 자극에 전혀 무감각한 듯합니다. 우리는 주어로 돌아가야 합니다. 우리의 주어는 인간이요, 양심이요, 인격이요, 생명입니다.

밝은 내일을 개척하려는 우리가 진정으로 해야 할 일은 인간의 주어를 진정으로 존중하고 되찾는 일일 것입니다.

1973. 5. 25

미래를 사는 사람

속죄는 세상과 사람을 가장 사랑하는 행위입니다.
참회하는 사람은 과거에 돌을 던지는 사람이 아니라
미래의 자갈밭을 일구면서 마음의 밭을 가는 사람입니다.

속담에 '사람이 빠지기 쉬운 것은 바다보다도 시궁창'이라고 합니다. 우리가 일상생활을 통해서 저지르는 실수와 잘못은 세상을 경악하게 할 큰 사건보다 평범한 생활 속에서 우리가 매일 만나는 사물과 사람들의 관계에서 일어나는 일들입니다.

　　사람이 자기의 행동을 반성하고 잘못을 회개하는 것은 종교를 믿는 사람들만의 과업이 아니라 생명을 가진 모든 사람들의 공통되는 일입니다. 우리는 종종 잔인하고 야만스런 사람들이 참회하는 모습을 보고 감탄할 때가 있습니다. 그것은 죄를 참회하는 행위 때문이 아니라 그런 사람들의 양심 안에도 참회가 필요하다는 생각이 떠올랐다는 사실 때문입니다.

사람은 자신이 저지른 잘못에 대해서 뉘우친다는 것이 근심이나 번민이나 좌절에 사로잡히고 마는 경우가 있습니다. 그러나 우리가 정작 힘써야 할 것은 자신의 잘못을 계속해서 근심하고 자책하는 일보다 내가 파괴하고 상처를 준 사물과 사람들의 관계를 회복하는 일에 적극적인 관심을 기울이는 일입니다.

마틴 부버가 쓴 『인간의 길』이라는 책에는 참회한다는 것을 자학으로 표현하는 사람에게 좋은 경종이 되고 있습니다. 잘못을 저지르고 나서 줄곧 그 잘못에 대한 말만 하거나 생각만 하는 사람은 자기가 저지른 저열한 잘못을 마음에서 뿌리치지 못하기 때문이라고 합니다. 사람이란 생각이 가 있는 거기에 자신도 갇히게 되고 사람의 영혼은 생각하는 그것에 빠지기 마련이기 때문에 저열한 것에 머물고 있는 그런 사람은 결코 돌아서지 못할 것이라고 합니다. 왜냐하면 자책감에 시달리면 정신은 점점 거칠어지고 마음은 더욱 완고해져서 우울증에 억눌리기 쉽기 때문이라는 겁니다.

마틴 부버는 사람의 죄를 똥에 비유하면서 똥은 이리 쓸고 저리 쓸어 본들 똥은 똥이란 겁니다. 따라서 내가 죄를 지었는가 안 지었는가 생각해 봐야 하늘에는 아무 소용이 없는 일이라고 합니다. 내가 잘못을 저질렀다면 악에설랑 아예 돌아서서 더는 거기에 마음을 쓰지 말고 선을 행함으로써 이에 대처하라고 합니다.

속죄는 사회로부터 당한 비난이나 자신이 받을 벌에 대한 두려움보다 자신이 파괴한 사물의 질서와 상처를 입힌 사람에 대한 사랑을 더 생각하는 일입니다. 속죄는 세상과 사람을 가장 사랑하는 행위입니다. 참회하는 사람은 과거에 돌을 던지는 사람이 아니라 미래의 자갈밭을 일구면서 마음의 밭을 가는 사람입니다.

미래를 바라보고 미래를 위해 살고 미래를 사랑하는 사람입니다.

1973. 5. 26

자기를 사랑하는 사람

프랑스의 현대 사상가인 알랭은
"인생이란 서서 일하는 노동"이라고 하였습니다.
사람은 모두가 자기 현실에 책임감을 가지고 자기의 일에
긍지가 있어야 합니다. 그렇지 못할 때
그 사람은 불행한 인생을 사는 사람이 됩니다.

우리가 고층 빌딩의 숲속을 지나갈 때면 그 건물에 위압감을 받을 때가 있습니다. 사실 사람은 광대한 우주에 비하면 微小(미소)하기 짝이 없습니다. 그러나 그 건물을 지은 것은 우리 사람이지만 건물은 사람을 만들 수 없습니다. 아무리 우주가 광대하고 신비스럽더라도 그 우주는 인간에 의해서 정복되지만 우주는 인간을 정복하지 못합니다. 이 우주를 정복하고 다스

리는 일은 인간만의 특권입니다.

누구나 어렸을 때 한번쯤 달이 휘영청 밝은 밤에 대야에 물을 떠 놓고 그 속에 달을 담아 본 적이 있을 겁니다. 사람의 마음은 우주의 그릇과 같습니다. 우주가 아무리 광대해도 우리는 우주를 마음 안에 담을 수 있습니다.

우리는 나의 가치를 가볍게 여겨서는 안 됩니다. 나의 무게는 우주보다 무겁고 인간은 우주의 양심이면서 우주의 지휘관입니다. 사람의 양심에 따라 우주의 흥망이 결정되고 사람의 양심이 타락하면 역시 우주도 타락할 수밖에 없습니다. 어디서나 자기 자신의 주인이 되면 자기가 있는 그곳은 다 진실이라고 말합니다. 그러기에 타락한 우주는 신음하고 진통을 겪으면서 간절한 마음으로 나의 구원을 고대하고 있습니다. 사람이 가장 위대한 것은 사람만이 스스로 자기의 십자가를 질 수 있고 긍지를 가질 수 있기 때문입니다.

사람은 세상을 창조하는 신의 동역자同役者입니다. 내가 갖는 사명감과 긍지는 문명의 희망이 탄생하는 고향입니다. 그러나 천박한 사람은 사명감과 긍지가 없습니다.

송나라 태조는 떠오르는 해를 보고 이런 시를 지었습니다. "해가 저 바다 밑을 떠나지 못했을 때는 온 산들이 컴컴하더니 이제 중천에 떠오르니 온 세상이 환하도다."

사람이 자기의 사명감과 긍지를 포기하면 온 누리가 원시림 속에 파묻히지만 사명감과 긍지를 높이면 높일수록 세상은 밝고 기름지고 풍성해집니다. 프랑스의 현대 사상가인 알랭은 "인생이란 서서 일하는 노동"이라고 하였습니다. 사람은 모두가 자기 현실에 책임감을 가지고 자기의 일에 긍지가 있어야 합니다. 그렇지 못할 때 그 사람은 불행한 인생을 사는 사람이 됩니다.

땀을 싫어하고 노력을 회피하는 사회는 갖가지 악이 범람하게 되기 마련입니다. 그래서 공자는 "소인이 손에 한가한 시간을 가질 때, 그들은 반드시 여러 가지 악한 일을 생각해 낼 것"이라고 하였습니다.

자기를 사랑하는 사람은 땀의 맛을 알고 노력의 기쁨을 갖는 사람입니다.

1973. 5. 28

환영받는 사람

재산과 권력은 하루에 가질 수도 있지만
인간은 세상에 태어나는 데에만 열 달이 걸리고,
남에게 존경받는 성숙한 인격인이 되기 위해서는
부단한 노력과 장구한 세월이 필요합니다.
성현은 자기의 인생과 책임감에 꾸준히 노력하여
성취한 무엇을 지닌 사람의 대명사입니다.

사람은 누구나 자기에게 주어진 생활을 소비하기 위해서 살지는 않습니다. 자기를 반성하면서 이웃을 의식하고 사는 사람에게 가장 공통되고 끈끈한 바람이 있다면 다른 사람에게 환영받고 싶은 마음일 겁니다. 자기를 반성하고 부족을 느끼는 마음은 인생의 성장을 꿈꾸고, 성숙한 인격인이 그립기 때문입니다.

많은 사람들이 인생의 성공과 목표를 재산과 권력을 소유하려는 데 두고 있지만 그렇다고 그 재산과 권력 앞에 누구나 무릎을 꿇고 절하지 않을 것입니다. 우리는 어린아이가 재산을 많이 가지고 있고, 바보가 권력을 쥐고 있다고 해서 그 어린아이와 바보를 존경하지는 않습니다.

중국의 고전에 이런 이야기가 실려 있습니다. '무마자巫馬子라고 하는 유학자가 노魯나라의 묵자墨子에게 다음과 같은 질문을 하였습니다. "당신이 아무리 바른 일을 행하여도 누구 한 사람 따르는 이가 없고, 하늘도 당신을 도우려고 하지 않습니다. 그런데 당신은 그것을 남이 알아 줄 걸로 알고 있다면 정신 나간 짓이 아니겠소." 그러자 묵자가 반문하기를 "지금 당신에게 두 하인이 있는데 한 사람은 당신이 볼 때만 일을 하고 다른 한 사람은 주인이야 보건 말건 자기의 할 일만 하고 있다면 당신은 어느 쪽을 더 소중히 여기겠소?" 그러자 무마자는 "그야 주인이 보든 말든 자기가 할 일을 열심히 하는 사람이지요" 하고 대답하였습니다.'

어느 시대를 두고 이 사회가 기다리고 찾는 사람은 남이 보거나 말거나 자기의 소임을 다하는 사람입니다. 내게 주어진 가능성을 실현하려는 노력과 자신의 책임과 역할을 충실히 완수하는 성숙한 인격인을 우리는 좋아합니다. 자기의 말과 행동에 성실하고 믿음직한 사람을 좋아합니다.

참선하는 사람이 남에게 보이기 위해서만 참선을 하거나, 공부하는 학생이 남이 볼 때만 하거나, 일하는 사람, 장사하는 사람이 남이 볼 때만 한다면 그 사람은 성공할 수 없고 겉치레만 늘 것입니다. 겉치레의 사람은 가식의 사람이요, 가식은 모든 사람이 증오하는 행동입니다.

세상의 많은 사람들이 자기 아닌 다른 곳에서 인생의 가치를 찾고 인격이 아닌 소유물을 통해서 존경과 환영을 받으려고 합니다. 우리는 자기 밖의 다른 곳에서 인생의 보배를 찾을 수 없고 인격이 아닌 자기의 소유물을 통해서 존경받을 수는 없는 것입니다.

재산과 권력은 하루에 가질 수도 있지만 인간은 세상에 태어나는 데에만 열 달이 걸리고, 남에게 존경받는 성숙한 인격인이 되기 위해서는 부단한 노력과 장구한 세월이 필요합니다. 성현聖賢은 자기의 인생과 책임감에 꾸준히 노력하여 성취한 무엇을 지닌 사람의 대명사입니다.

우리네 범인凡人들은 성현과 같은 존경을 기대할 수는 없으나 그 흉내는 낼 수 있습니다. 우리들에게는 높은 권력도, 만금의 재산도, 빛나는 훈장도 없습니다만 최선을 다해서 자기 직분에 성실하고 바른 생활, 양심의 언어를 잊지 않을 때 우리는 환영받는 사람이 될 수 있습니다. 내 인격은 세상이 끝나더라도 남아 있을 영원한 내 이름이 됩니다.

1973. 5. 29

몸으로 사는 사람

사람이 살아가는 데는 지식이나 이념이나 기술이 필요합니다.
그러나 지혜가 없는 지식, 감정이 없는 이념, 신념이 없는 기술은
골격은 있으나 살이 없고 피가 흐르지 않는 사람이거나,
조화와 통일을 잃은 기형인 아니면 책 속의 바보와 같은 것입니다.

모든 사람의 근심 가운데 가장 절실한 것은 죽는 것이요, 소중한 것 중 가장 큰 것은 사는 것입니다. 이렇게 소중한 삶이지만 세월은 시간에 밀려 가고 우리는 떠나는 시간의 바늘 끝을 아쉽게 바라볼 뿐입니다. 어떻게 하면 이 남은 세월을 멋있게 살 수 있을까? 이런 마음의 질문은 인간에게 어려운 대답입니다.

옛말에 이런 말이 있습니다. "그림을 그리는데 가장 어려

운 것은 개와 말이요, 가장 그리기 쉬운 것은 도깨비"라고 하였습니다. 개와 말은 모두가 알고 접촉하는 것이기 때문에 그대로 그리기가 어렵지만 도깨비는 형체가 없고 잘 나타나지 않기 때문에 아무렇게 그려도 상관이 없다는 것입니다.

사람이 생각과 꿈은 쉽게 말할 수 있어도 구체적이 삶을 잘 산다는 것은 생각의 말장난이 아니라 온몸의 행동이요, 이상의 꿈이 아니라 현실로 나타나는 표현입니다.

세상에 올바른 종교와 철학은 인생의 참된 길을 우리에게 가르치고 있습니다. 그러나 그 내용은 단시일에 다 이해할 수 있고 수긍할 수 있는 것은 아닙니다. 그러면서도 많은 사람들이 종교와 철학의 진리를 믿는 것은 성현의 권위에 대한 단순한 굴복이나 진리에 대한 맹종에서가 아닙니다. 그 진리는 공상가의 이야기가 아니라 현실을 몸으로 참여하면서 인식하고 행동을 통해서 진단된 결과들입니다. 그렇기 때문에 한 성현의 말이 모든 사람의 삶이 될 수 있는 것입니다. 살아 있다는 것은 육신이 숨 쉬고 정신이 활동한다고 해서가 아닙니다.

우리 주변에는 식물인간이 있는가 하면 뛰어다니는 불구자도 있습니다. 산다는 것은 온몸으로 살기 때문에 인간의 고통과 기쁨은 정신만이 느끼고, 육신만이 겪는 것이 아니라 전신으로 실감하는 겁니다.

사람이 살아가는 데는 지식이나 이념이나 기술이 필요합니다. 그러나 지혜가 없는 지식, 감정이 없는 이념, 신념이 없는 기술은 골격은 있으나 살이 없고 피가 흐르지 않는 사람이거나, 조화와 통일을 잃은 기형이 아니면 책 속의 바보와 같은 것입니다.

　오늘에 사는 사람들은 과거에 살던 조상들보다 많은 것을 배우고 알면서도 이 시대는 어느 시대보다 병이 깊고, 인간성은 상실되고, 주체성이 희박한 것은 지식은 많지만 지혜가 부족하고, 이념은 있으나 정서가 메말랐고, 기술은 풍부하지만 신념이 빈약하기 때문입니다. 지혜와 정서가 없는 사회는 음식은 풍성하지만 맛이 없는 식탁과 같고, 신념이 없는 문명은 겉보기는 화려하지만 멋이 들지 않은 사람과 같습니다.

　맛은 혀의 감촉이 아니라 온몸의 느낌이요, 멋은 외모의 꾸밈이 아니라 온몸으로 풍기는 삶의 향기입니다. 온몸으로 사는 사람은 인생의 맛을 알고 삶에 멋을 가질 수 있습니다.

1973. 5. 30

새로워질 교회

교회가 늙지 않으려면 인간과 사회에 봉사하고
창조하는 본래의 생명력을 쉬지 말아야 한다.
젊은이는 명석한 관찰력과 창조하지 않고는 못 배길
생명의 발전 속에 살고 또 살기를 원한다.
우리 젊은이들은 교회의 목적이 인간으로 하여금
신을 알게 하고 예배하며, 윤리적 생활 속에서
인간이 구원을 얻도록 하는데 있다는 것을 알고 있다.

"어제의 것은 오늘의 것이 아니요, 오늘의 것은 내일의 것이 아니다"라는 말이 있다. 이것은 과학기술 시대가 낳은 오늘의 시대 모습을 두고 한 말이리라.

오늘의 역사는 옛것은 가고 아직 새것은 정립되지 못하

고 있다. 우리는 새 역사 창조를 위한 혼돈과 창조의 작업 속에서 신음하고 있다.

교회 역시 지상에 발을 딛고, 인간을 위하여 인간과 함께 살고 있기에 예외가 아니다. 오늘의 교회가 역사의 화석이 되지 않고, 전통의 체취만 핥고 살지 않으려면 교회의 내부와 신학적 신앙의 내용에 변화가 있어야 한다. 진정 교회는 급격히 세속화하는 사회에 전파해야 할 복음의 내용이 무엇인지 탐구하는 과학도로서의 진지한 연구 자세가 아쉽다. 지금이야말로 시대가 요청하는 자기 사명을 다시 검토하고 존재 이유를 다시 발견하지 못하면 교회는 인류의 역사에 먹칠을 할 것이다.

오늘의 젊은이들은 전통의 지팡이에 의지하여 흐느적거리는 늙은 거구의 교회를 원치 않는다. 늙은이는 현실에 무기력하고 창조의 작업 능력이 없다. 늙은이는 자기의 여생과 재산 보호에 신경이 피로하기 쉽다. 늙은이는 고루한 전통의 위엄과 조직 강화에 혈안이 되기 쉽다.

교회가 늙지 않으려면 인간과 사회에 봉사하고 창조하는 본래의 생명력을 쉬지 말아야 한다. 젊은이는 명석한 관찰력과 창조하지 않고는 못 배길 생명의 발전 속에 살고 또 살기를 원한다. 우리 젊은이들은 교회의 목적이 인간으로 하여금 신을 알게 하고 예배하며, 윤리적 생활 속에서 인간이 구원을 얻도록 하는데 있다는 것을 알고 있다. 진지한 사회의 변화는 인간 내면의 심연으로부터 구원을 받는 데서 비롯된다는 것도 잘 안다. 교회가 사회적 문제를 분명하게 말할 수 있고, 사회의 윤리적인 환경을 조성하는 역할을 소유하고 있음도 확신한다.

우리는 영생과 하느님 나라를 믿고 하느님의 의義를 하느님나라에서 구한다. 우리는 교회가 경제를 떠나서는 살 수 없다는 것과 운영을 위한 경제적 의무감도 받아들인다. 그러나 우리는 그리스도교의 역사가 수직선의 역사가 아니라 수평선과 수직선의 교차를 상징하는 십자가의 역사임을 믿는다. 수직선은 땅에 발을 붙이고 사는 인간과 신의 관계이지, 결코 입법자의 권위를 호령하고 겁 주는 지휘봉도 아니요, 재판관의 몽둥이도 아니다. 수평선은 인간과 인간과의 관계요, 신앙의 대사회적 관계와 주변을 바라보게 하는 역사의 눈길이다. 교회는 인간에게 꽃나무를 키워 주는 정원사가 아니다. 현실, 사회를 외면하고 영생과 천국만을 팔며 교조적 맹신을 외치는 교회는 광신조합狂信組合이다.

우리는 전통과 권위의 신화를 노래하며 현실의 긴급 동의에는 얼음같이 차갑고 영생의 문제에만 뜨거운 '불타는 얼음' 같은 교회에 반항한다. 우리는 교회의 사회 참여가 인류에게 인생의 진정한 의미를 가르쳐 주고 그렇게 살도록 이끌어 주는 데 있음을 안다. 그러기에 교세 확장을 위한 기업적인 전교사업이나 광대의 눈물 같은 구호사업을 반대한다. 우리는 생활로 신앙한다.

교회는 각 사람이 그리스도를 향한 회심과 결단을 생활로 응답하도록 가르치고 우리는 그 신앙에 승복한다. 그래서 교회가 그리스도인의 사회생활에 대한 구체적 실천방안을 제시해 주지 못할 때 우리는 반항한다. 우리는 그리스도께서 가난하고 약하고 억눌린 사람들에게 주신 기쁜 소식을 현실 안에서 실감한다. 오늘날 인간은 인간에게 늑대가 되고 있음을 누가 부인하랴! 교회가 인권을 옹호하는데 태만하고 사회의 불평등과 사회악을 제거하는데 무기력하고 무능할 때, 복음이 썩은 개고기를 씹어 내뱉듯 버려지고 있다고 우리는 통곡한다.

우리는 우상을 파괴하는 교회의 예언자적 소명을 믿는다. 그리스도의 일생은 제도의 우상, 권위의 우상, 정치의 우상, 경제의 우상, 육체의 우상을 파괴하는 혁명의 일생이었다. 교회가 우상을 파괴하는 작업에 소홀하다면 기회주의적 방관자들의 도덕적인 공동묘지가 될 것이다.

인생은 생명이다. 생명은 성장한다. 생명은 피와 땀과 눈물의 것이다. 생명에 피가 없으면 주검이요, 땀이 없으면 성장이 없고 눈물이 없으면 진실하지 못하다. 피는 무기도 폭력도 없다. 땀은 안일이 아니다. 눈물은 자위의 평화가 아니다. 피를 아는 자는 폭력을 내두르지 않는다. 땀을 아는 자는 현실에서 도피하지 않는다. 눈물을 아는 자는 고독하지 않다. 우리는 생명을 안다. 생명은 죽일 수도, 죽을 수도 없다는 것을 그리스도의 십자가에서 보았다. 우리는 그리스도가 보여준 죽음의 부정을, 반항의 미덕이 무엇인가를 목격했다.

이제 우리는 우리의 말을 하자!

젊은이여! 우리는 소시민적 서랍 속의 지성을 버리자. 교만한 엘리트도 되지 말자. 평화를 가장한 벙어리 냉가슴도 풀자. 사랑을 분실한 종이 위의 통곡도 멈추자. 부정할 것은 부정하고 반항할 것은 반항할 줄 아는 미덕의 인간이 되자. 우리는 폭력보다 비폭력의 인내하는 호소를, 현실의 승리보다 영원의 승리를, 인간의 영광보다 신의 영광을 믿고 노래하자. 죽어서 살아난 십자나무의 의미를 움켜쥐자. 한마디의 진실이 온 세상보다 더 중요하다면 우리는 한마디만 말하자. '젊어서 죽은 예수의 일생이 우리의 것이다'라고.

가톨릭신문 854호, 1973. 2. 25 자, 독자 논단

제1회 가톨릭 매스컴 워크숍 관련 신문기사 및 사진

主敎 매스콤 세미나

弘報手段 活用法 등 講演

23~23일 西江大서

[서울] 포교생활의 기초인 주교들이 매스콤과 거리가 먼 듯한 奇現象을 타개하고 주교들에게 홍보수단 활용법을 인식시켜 주기 위한 세미나가 23일부터 나흘간 서강대학교에서 개최된다.

한국주교회의 매스콤위원회(위원장=김추기경)가 교회사상 처음으로 마련한 이번 세미나에는 학계와 언론계의 저명인사들을 초빙 강연을 듣고 신문기자와 아나운서들을 불러 전 인터뷰를 실습하며 대중을 대상으로 하는 원고 작성방법도 공부하는데 연제와 연사 실습 주제와 담당자는 다음과 같다.

▲23일「현대 세계에 있어서의 주교와 홍보수단」(김남수 신부)「대중을 대상으로 한 원고작성에 관하여」(김용구 한국일보 논설위원)

▲24일「뉴스의 원천으로서의 주교」(신태민 서울신문 논설위원)「신문기자와 회견할때의 요령」(김순철 MBC 보도제작부장, 강현두 서강대교수)「주교관 어떤사람인가를 주제로 한 TV 인터뷰 실습」(임택근 문화방송 상무이사) (김수환 추기경) 「TV 출연 때의 요령」(김준철 MBC보도제작부장, 강현두 서강대 교수) 「주교관 어떤사람인가를 주제로 한 TV 인터뷰 실습」(임택근 문화방송 상무이사)

▲25일「교회의 홍보전망」독교방송운영이사장」(김현 KBS·TV PD, 장성자 서강대 교수)「내 주변을 얘기 한다」를 주제로 한 라디오 인터뷰 실습 및 평가(박찬숙 KBS·TV, 이창호, 신원균 성우협회장, 곽규호씨·박노설 동양 TV아나운서실장, 방원혁 KBS·TV)

▲25일「오늘의 한국종교기사」(이병일 한국", 이준우 조선")

화부 기자, 공송원 중앙", 황석현 서울", 김성일 경향", 정준극 대한", 방창순 신아", 이병일 한국", 이준우 조선")

『가톨릭시보』 1973년 1월 21일

교구代表 매스콤 세미나 開催

12日부터 西江大서

[서울]주교들을 위한 매스콤 세미나에서 만족할만한 성과를 거둔 주교회의 매스콤위원회는 다시 전국 각교구 대표들을 위한 매스미나를 12일부터 16일까지 서강대학에서 개최한다.

콤 세미나를 위한 매스콤 세미나를 위한 매스콤 대표들을 위한 매스미나를 12일부터 16일까지 서강대학에서 개최한다.

각 지방 실정에 따라 홍보수단을 효율적으로 이용하는 방법을 연구하는 이번 세미나에는 군종단을 포함한 전국 15개 교구에서 2명씩의 대표가 참석하게 되며 김경환 신부가 「일반신문에 교회의 뉴스를 요령있게 제공할 수 있는 방법」, 신광우 씨가 「라디오 원고작성법」을 강의하고 KBS·TV의 김현씨와 서강대학교의 장성자 교수 등이 연사로 나설 예정이다.

지난번 주교들의 세미나에는 두봉 주교를 포함한 9명의 주교와 1명의 부주교가 참석했었다.

『가톨릭시보』 1973년 2월 4일

弘報 活動의 전환점 이룩

제1회 매스콤 「워크숍」 미디어 活用法 연구

[서울]제1회 가톨릭매스콤 워크숍이 예정대로 12일부터 16일까지 서강대학교에서 개최됐다.

침체된 한국 가톨릭 홍보활동의 전환점을 이룩하기 위해 매스콤위원회가 마련한 이번 워크숍에는 전국 14개 교구와 군종단에서 선발된 24명의 신부와 4명의 평신도가 참석, 「원고쓰기」, 「인터뷰하는 법」, 「라디오 출연 때의 요령」등 실질적인 미디어 활용법에 관한

강연과 실습을 받았다. 이번 워크숍에서는 매스콤위원회의 실무자인 반신부가 준비관계를 측지후했고 서강대학교 장성자 교수가 사회 및 안내역을 맡았다.

『가톨릭시보』 1973년 2월 25일

매스컴 워크숍 환영 여흥시간, 뒷줄 맨 왼쪽이 김진소 신부

제1회 가톨릭 매스컴 워크숍 방송 실습, 맨 왼편이 김진소 신부
(서강대학교, 1973. 2. 12~16)

김진소 신부가 제1회 가톨릭 매스컴 워크숍 시상식에서 상장을 받고 있다.
(서강대학교, 1973. 2. 16)

제1회 가톨릭 매스컴 워크숍을 마치고 단체 사진을 촬영하고 있다. 아래줄 왼쪽
에서 두 번째가 김진소 신부(서강대학교, 1973. 2. 12~16)